中国人民大学2020年度
"中央高校建设世界一流大学（学科）和特色发展引导专项资金"支持

智库丛书 Think Tank Series
国家发展与战略丛书
人大国发院智库丛书

"新常态"下中国货币政策框架转型与重构

Transformation and Reconstruction of
China's Monetary Policy Framework under the New Normal Economy

宋鹭　刘元春　著

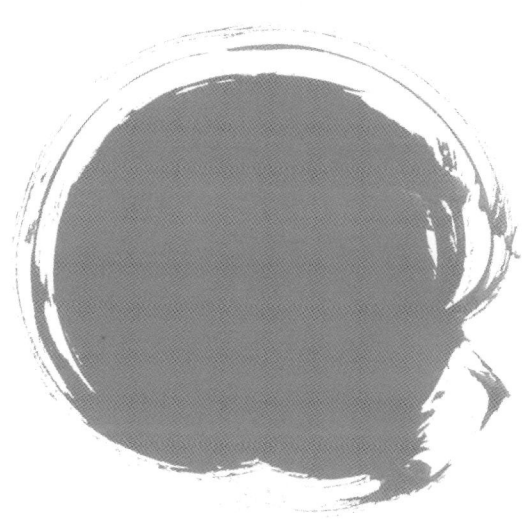

中国社会科学出版社

图书在版编目（CIP）数据

"新常态"下中国货币政策框架转型与重构/宋鹭，刘元春著. —北京：中国社会科学出版社，2020.8

（国家发展与战略丛书）

ISBN 978-7-5203-6966-4

Ⅰ.①新… Ⅱ.①宋…②刘… Ⅲ.①货币政策—研究—中国 Ⅳ.①F822.0

中国版本图书馆 CIP 数据核字（2020）第 145659 号

出 版 人	赵剑英
责任编辑	马　明
责任校对	任晓晓
责任印制	王　超
出　　版	中国社会科学出版社
社　　址	北京鼓楼西大街甲 158 号
邮　　编	100720
网　　址	http://www.csspw.cn
发 行 部	010-84083685
门 市 部	010-84029450
经　　销	新华书店及其他书店
印　　刷	北京君升印刷有限公司
装　　订	廊坊市广阳区广增装订厂
版　　次	2020 年 8 月第 1 版
印　　次	2020 年 8 月第 1 次印刷
开　　本	710×1000　1/16
印　　张	14
插　　页	2
字　　数	181 千字
定　　价	79.00 元

凡购买中国社会科学出版社图书，如有质量问题请与本社营销中心联系调换
电话：010-84083683
版权所有　侵权必究

前　言

　　2010年我国经济总量跃升至世界第二，但经济增速从2012年开始结束了近20年10%的高增长阶段，进入经济转型的关键期，表现出"增长速度进入换挡期，结构调整面临阵痛期，前期刺激政策消化期"的"三期叠加"阶段性新特征。新阶段面临新困境，一方面，增长下行压力加大的同时结构调整阵痛不断；另一方面，微观主体经营困难的同时局部经济风险开始显现。新阶段也产生新特征，在消费、投资、进出口、国际收支、生产能力、产业组织、生产要素、市场竞争、资源环境约束、经济风险累积、资源配置模式和宏观调控方式等方面都出现了新的变化。总体上讲，这种新阶段、新问题和新特征被总结为中国经济"新常态"，这种"新常态"不是局部的、短期的现象，而是中国经济正在经历和将要面临的全方位的、长期的发展状态。

　　"新常态"下中国经济环境发生了较大的趋势性变化，对中国货币政策框架形成一系列冲击。货币政策实施基础和环境在高质量发展的大背景下，面临从"速度"到"质量"的根本性变化，而货币政策总体定位也显示出从"短期"到"长期"的前瞻性转变，基础货币供给更是由于外汇占款的变化呈现出从"被动"到"主动"的趋势性逆转。

因此，货币政策框架体系面临整体化的调整。货币政策最终目标的"多重目标"体系发生变化，目标之间的冲突加剧，加之目标的优先级不明确，造成货币政策定位更加困难。货币政策中介目标在"数量型"向"价格型"转型的过程中也在发生变化，数量型模式向价格型调控转变牵一发而动全身，流动性和价格传导受到压力。货币政策的传导机制面临持续困境，传导渠道不畅造成资产价格增长过快，融资难融资贵的问题持续存在。由于传统的数量型调控手段有效性持续下降，取而代之的是各种非常规和结构性的货币政策工具，但是过于复杂的工具箱也带来操作上的协调问题。总体上看，在中国经济"新常态"阶段，货币政策调整和改革过于分散化和碎片化，系统化和整体化不足。货币政策实施面临双重困境：总量问题依然存在、结构性问题更加突出。

在此背景下，本书将中国货币政策框架的转型与重构作为研究主题，试图回答"新常态"条件下中国货币政策框架为什么要转型和重构，并且如何进行转型和重构的问题。从货币经济学的角度来看，一个完整的货币政策框架包含了政策定位、最终目标、中介目标、操作目标、政策工具、传导机制等内容。"货币政策框架转型"与一般的货币政策调整不同，前者指的是"政策目标—政策工具—传导机制"的整体性重构，而不是某一项政策工具的调整。

中国货币政策框架转型与重构问题同时具有历史性、国际性、理论性和现实性的特点。

历史性体现在，从中国货币政策发展历史来看，中国经历了两次主要的货币政策框架大转型。第一次是1998年取消贷款规模限制，由"直接调控"向"间接调控"转型；第二次是2005年汇率改革背景下利率市场化改革，由"数量型"向"价格型"调控模式转型。这两次转型都与经济结构转型阶段密切相关。

国际性体现在，西方主要发达经济体也都经历了货币政策框架转型与重构的不同阶段。无论是美联储、欧洲央行，还是日本央行，在20世纪70年代之后的历次经济危机和金融危机中，货币政策框架都在不断改进和调整，并经过多次各具特点的大转型与重构，具有一定的借鉴意义。

理论性体现在，从主流货币政策理论发展来看，标志性的阶段是20世纪80年代凯恩斯主义转向"新共识"，政策含义上表现为"多目标—多工具"体系转变为应对通货膨胀的"单一目标—单一工具"体系，以泰勒规则为主要代表。而在2008年国际金融危机之后，学术界对"新共识"理论进行了全面的反思和批判，传统货币政策理论框架的缺陷在"后危机"时代越发突出，"单一目标—单一工具"体系又面临新的转型调整，货币政策在"非常规"和"正常化"之间反复。

现实性体现在，一方面，2008年金融危机之后全球主要经济体为了应对危机，相继采取了一系列创新型货币政策工具，但效果却不尽如人意；另一方面，中国经济进入"新常态"后货币政策有效性持续下降，货币政策框架转型的压力进一步加大。而从货币政策改革内在逻辑上看，中国货币政策框架的转型从某种意义上说，相当于要完成两次转型的叠加，分别是美联储在20世纪80年代"新共识"框架下"单一目标、单一工具"政策体系的转型和2008年金融危机之后"多目标、多工具"体系的转型。

具体来说，本书主要包括以下六部分内容：

第一章分析了"新常态"条件下中国货币政策转型的现实背景与理论基础。中国经济"新常态"是趋势性的变化，对货币政策造成系列冲击。这种冲击不是局部的对货币政策工具的影响，而是导致货币政策框架必须进行重构。因此，本书开宗明义地提出了"新常态"条件下，中国货币政策框架为什么要转型和重构并且如何进行转型和重构的问题。由于全球货币政策有效性下降和中国货币政策有效性下降的双重背景，本书提出的核心问题具有一定的现实意义。在理论上，本书回顾了"新共识"货币政策理论的实践基础和理论框架，对2008年金融危机之后针对"新共识"理论的批判和反思进行了总结，并进一步梳理了危机之后货币政策理论的新发展，最后有针对性地对中国货币政策框架转型争议与共识和中国经济"新常态"前沿进展进行了综述。

第二章是货币政策框架转型的国际经验与比较分析。首先分析了美联储从"大缓和"到大变革的货币政策框架转型特征，即20世纪80年代后以反通胀为主要目标的货币政策框架转变和2008年金融危机后货币政策目标体系、工具体系的一系列重构；其次总结了欧洲央行从审慎协调到危机应对的货币政策框架转变历程，即在成立之初政策框架的形成和应对金融危机和欧债危机过程中新框架的转型与调整；最后分析了日本央行从被动调整到主动适应的货币政策模式转变，总结了其"泡沫经济"时期被动型政策转型的经验教训和2001年首先开启量化宽松货币政策的经验，以及2008年危机之后政策框架的主动再调整。美联储、欧洲央行和日本央行货币政策框架转型与重构的经验特征，一方面为中国的货币政策框架转型提供了基本参照和历史坐标，另一方面也进一步揭示出中国货币政策框架转型具有不同的历史方位、时代特征和现实诉求。

第三章对中国货币政策框架转型和重构的历史逻辑与特征事实进行分析。首先回顾了中国货币政策框架发展的历程，总结了历次重大转型的背景、内容和效果，并梳理了"新常态"阶段稳健货币政策实施的特点；其次从全球视角分析了全球货币政策有效性下降的表现和原因；再次从结构调整、"债务—通缩"等方面分析了"新常态"下中国经济转型对货币政策的冲击与表现；最后对中国货币政策有效性下降问题进行实证分析，对比了2002—2009年和2010—2017年两阶段货币政策下降的趋势，并重点分析了2010年之后我国数量型货币政策实施效果。VAR、SVAR模型和相关实证分析表明，从绝对值上看货币政策工具中数量因子的调控作用更大，但是从相对值上看数量型工具的调控力度在不断减弱，价格型工具对产出的影响不断强化。最后通过对静态均衡条件下利率传导机制模型的改进分析，进一步识别出以利率市场化改革为主线的价格型调控模式，在传导机制中的理论和现实问题。

第四章对中国货币政策框架转型的有效目标、工具体系和传导机制问题进行分析。首先构建了基于泰勒规则的中国货币政策有效目标模型并进行实证检验，解释了中国广义多目标货币政策框架应对内外均衡问题的合理性；结果表明，"单一目标"和"多重目标"都不是绝对的，多目标体系的关键是要确定"有效目标"，并明确各目标之间的优先级。其次围绕货币政策工具体系的历史沿革与创新实践和货币政策传导机制的传统理论与中国问题，分析了在多目标货币政策体系下，中国货币政策工具和传导机制的转型逻辑；具体分析了"新常态"阶段中国创新型货币政策操作机制和实施效果；并总结了外汇占款和流动性变化背景下，央行以公开市场操作和利率走廊为特征的货币政策调控方式转变特征，以及"非常规"货币政策进行"常规"操作和结构性货币政策的改进机制等问题。

第五章是货币政策与宏观审慎政策"双支柱"调控框架分析。首先从理论上分析了金融创新、顺周期性和跨市场风险等对于货币政策框架和传导机制的影响；其次重点分析了货币政策与宏观审慎政策的区别、相互作用和实施机制，并从"风险三角"的角度论述了二者的关系；再次基于不同模式的宏观审慎实施框架比较，从实践层面分析了货币政策与宏观审慎管理在实施过程中的协调配合逻辑；最后梳理总结了中国在实施货币政策与宏观审慎政策"双支柱"调控框架中的实践经验和主要特点。

第六章对中国货币政策框架转型和重构的实施逻辑进行了分析。从货币政策框架转型的整体性出发，对"双支柱"模式背景下的未来货币政策进一步转型和演化提出展望，并从完善货币政策与宏观审慎政策"双支柱"体系构建、持续推进货币政策调控方式由数量型向价格型转变、多目标体系下进一步优化货币政策工具箱和传导机制等方面提出了相应的实施建议。

目 录

第一章 "新常态"下中国货币政策转型：现实背景与理论基础 …………………………………………（1）

第一节 中国经济"新常态"对货币政策的冲击与全球货币政策有效性下降……………………………（1）
第二节 货币政策理论及其"新共识" ……………………（8）
第三节 "新共识"货币政策理论：批判与反思 ………（13）
第四节 后危机时代货币政策理论新发展 ………………（15）
第五节 中国货币政策框架转型：争议与共识 …………（19）
第六节 中国经济"新常态"：前沿进展 …………………（22）

第二章 货币政策框架转型与重构：国际经验与比较分析 ……（25）

第一节 美联储货币政策框架转型：从"大缓和"到大变革 …………………………………………（26）
第二节 欧洲央行货币政策框架转型：从审慎协调到危机应对 …………………………………………（32）

第三节 日本央行货币政策框架转型：从被动调整到
       主动扩张 ………………………………………… （40）
第四节 主要发达经济体货币政策框架转型特征
       比较与启示 ……………………………………… （48）

第三章 中国货币政策框架转型：历史逻辑与特征事实 ……… （53）
第一节 中国货币政策框架历次转型背景与操作特征 ……… （53）
第二节 全球货币政策有效性下降趋势及原因分析 ………… （62）
第三节 "新常态"下中国经济结构调整与货币政策
       有效性下降：特征性事实 ……………………… （71）
第四节 中国货币政策有效性下降的实证检验 ……………… （77）
第五节 货币政策框架转型的利率传导机制 ………………… （97）

第四章 中国货币政策框架转型：有效目标、工具
         体系与传导机制 ……………………………………… （107）
第一节 中国货币政策有效目标体系转型 …………………… （108）
第二节 中国货币政策工具体系和传导机制转型调整 ……… （117）
第三节 中国货币政策创新型工具的
       操作机理与实施效果 …………………………… （127）
第四节 有效目标体系下的货币政策操作新特征 …………… （140）

第五章 货币政策与宏观审慎政策"双支柱"：
         体系构建与协调分析 ………………………………… （151）
第一节 金融创新和金融监管对货币政策传导的影响 ……… （151）
第二节 货币政策转型背景下的宏观审慎政策演化 ………… （158）

第三节　货币政策与宏观审慎政策的协调性分析……………（169）
第四节　货币政策与宏观审慎政策"双支柱"体系的

中国实践……………………………………………（175）

第六章　中国货币政策框架转型与重构：实施逻辑与前景展望…………………………………………（181）

第一节　完善货币政策与宏观审慎政策"双支柱"

体系构建……………………………………………（181）

第二节　持续推进货币政策调控方式由数量型向

价格型转变…………………………………………（184）

第三节　多目标体系下进一步优化货币政策"工具箱"和

传导机制……………………………………………（187）

参考文献……………………………………………………（190）

后　记………………………………………………………（205）

第 一 章

"新常态"下中国货币政策转型：
现实背景与理论基础

◇ 第一节 中国经济"新常态"对货币政策的冲击与全球货币政策有效性下降

主流宏观经济学理论在 2008 年金融危机的影响下进行了深刻反思，也引发了宏观经济政策层面的调整。一方面是"旧常态"向"新常态"的经济运行模式的转变，另一方面是"常规框架"向"非常规框架"的政策体系的转变。

中国经济正处在关键的转型和调整期，作为一个更加开放的世界第二大经济体，转型和增长的压力更加突出。经济"新常态"带来的趋势性变化给宏观调控提出了新的命题，需要政策上提供新的思路。"十三五"规划中提出了"完善货币政策操作目标、调控框架和传导机制，构建目标利率和利率走廊机制，推动货币政策由数量型为主向价格型为主转变"的基本思路，党的十九大报告中又提出"健全货币政策和宏观审慎政策双支柱调控框架，深化利率和汇率市场化改革"，进一步为中国货币政策框架转型与重构确定了清晰的总体目标。

因此，中国货币政策框架转型问题的研究，既是在全球背景下对于中国内部均衡和外部均衡问题的实践研究，也能够为宏观经济理论和货币政策理论的发展提供一定的参考价值。

一 中国经济"新常态"对货币政策的冲击

中国经济在2008年国际金融危机之后步入了新的发展阶段，总体上表现出"增长速度进入换挡期，结构调整面临阵痛期，前期刺激政策消化期"的"三期叠加"新逻辑。新阶段面临新困境，一方面增长下行压力加大的同时，结构调整阵痛不断；另一方面微观主体经营困难的同时，局部经济风险开始显现。新阶段也产生新特征，在消费、投资、进出口、国际收支、生产能力、产业组织、生产要素、市场竞争、资源环境约束、经济风险累积、资源配置模式和宏观调控方式等方面都出现了新的变化。理论和政策层面，这种新阶段、新问题和新特征被总结为中国经济"新常态"，这种"新常态"不是局部的、短期的现象，而是中国经济正在经历和将要面临的全方位的、长期的发展状态。

"新常态"下中国经济环境发生了较大的趋势性变化，对中国货币政策框架形成一系列冲击。

第一，货币政策最终目标的"多重目标"体系受到冲击。传统的稳定物价、充分就业、促进经济增长和平衡国际收支四大目标在新形势下不断调整，同时新的目标如结构调整、金融稳定等又被引入。目标越多，需要的工具就越多，目标之间的冲突就会加剧，加之目标的优先级不明确，造成货币政策定位困难。一方面，货币政策与财政政策和产业政策的协调问题还未解决，与宏观审慎管理的协调配合问题又成为新的难题；另一方面，汇率管制和资本管制在应对外部冲击方面稍显乏力，货币政策在应对内外部均衡方面的空间也被进一步压缩，汇率与物价的平衡问题凸显。

第二，货币政策中介目标在"数量型"向"价格型"转型的过程中也面临压力。传统的以货币供应量为中介目标的操作方式随着"大水漫灌"模式的退出，作用逐渐减退，M1、M2出现"剪刀差"，且增速持续下降；央行致力于构建"利率走廊"，通过利率调控来进行传导。但是数量型向价格型转变不够理想，官方政策利率的定位不够清晰，SHIBOR的构建并没有达到预期效果，反而对市场造成一定程度上的混乱。

第三，货币政策的传导机制面临持续的困境。经济下行压力下的实体经济不振导致资金更多地在金融体系内"空转"，"宽货币、紧信贷"越发凸显结构性冲突，"宽货币"难以传导到"宽信用"，传导机制不畅造成资产价格增长过快问题凸显，融资难融资贵的问题持续存在。

第四，货币政策操作工具也需要做出适应性的调整。由于政策环境、政策定位、最终目标、中介目标和传导机制的变化，传统的数量型调控手段有效性持续下降，取而代之的是各种非常规的和结构性的货币政策工具；但是货币政策工具过于繁多，以结构性货币政策为例：工具太多、期限太多，对市场预期管理有负面作用。

在此背景下，本书将中国货币政策框架的转型与重构作为研究主题，试图回答新常态条件下，中国货币政策框架为什么要转型和重构并且如何进行转型和重构的问题。从货币经济学的角度来看，一个完整的货币政策框架不同于单个的货币政策制定，不仅包含了政策工具的使用，还包括最终目标、中介目标、操作目标等目标体系的确定和传导机制的完善等内容（Humphrey, 2001）。"货币政策框架转型"与一般的货币政策调整不同，前者指的是"目标体系—政策体系—传导机制"的整体性，而不是某一项政策工具的调整。

本书通过对"新常态"以来中国货币政策框架面临的冲击和困境进行全面梳理，结合美国、欧元区和日本在特定历史阶段的货币政策框架转型经验，并聚焦中国货币政策框架转型的历史逻辑、特征事实与理论基础，对中国货币政策框架体系重构的关键问题进行研究，重点研究"有效目标"体系构建和工具体系、传导机制转型等问题，并围绕货币政策与宏观审慎管理"双支柱"体系构建和协调进行分析。一方面希望从理论层面进一步围绕"价格型调控为主"的思路，厘清货币政策框架转型的依据、基础和参照；另一方面从实践层面分析中国经济"新常态"条件下货币政策调控的背景、特点和逻辑，提出货币政策目标定位、工具实施、传导机制改善等方面的政策建议。

二 主要发达经济体货币政策有效性转变

近年来，学术界对于危机以来货币政策有效性问题进行了大量研究，发现货币政策有效性下降是一个普遍现象（Mishkin, 2009；Bernanke, 2010；Stiglitz, 2014）。2008年金融危机之后造成货币政策有效性下降的主要原因可以归结为三个方面：一是全球金融市场环境的变化，危机导致抵押品市场崩溃和安全资产短缺；二是传统货币政策传导机制受阻，金融市场出现信贷陷阱和流动性陷阱，实体经济受到冲击；三是各类市场主体在危机影响下发生行为变异，家庭消费需求下滑，厂商投资意愿下降，金融机构趋于保守，造成总需求不振。

由于金融市场崩溃造成传统货币政策失效，加上欧洲主权债务危机在次贷危机之后接续爆发，零利率下限约束进一步制约了货币政策的实施，各国央行普遍采取了各种非常规货币政策。

尽管危机之前日本央行在 2001—2006 年就连续实施了五年的"量化宽松"政策，但危机之后最早开启全面"量化宽松"的是美联储和英格兰央行。Bernanke（2009）将美联储在应对危机之中的"非常规"货币政策分为了在金融市场为健康机构提供短期流动性、在信贷市场为投资者提供流动性和购买长期资产降低长期利率三种工具类型，并进一步提出管理公众对未来利率水平的预期、改变央行资产负债表的结构以及扩大央行资产负债表的规模三种举措。

从 2008 年到 2013 年，美联储相继实施了四轮"量化宽松"政策。在此过程中，通货膨胀率和失业率分别从 2011 年的 4% 和 2010 的 10% 下降到 2013 年的 1.7% 和 7.9%。一种观点认为美联储的非常规货币政策收到了效果，购买中长期国债和私人金融资产不仅可以稳定资产价格、疏通传导机制，还可以修复私人部门资产负债表、恢复金融系统功能等（Mishkin, 2011）。但是 Krugman（2009）、Blanchard（2010）、Stiglitz（2016）等均不同程度地认为美联储的货币政策对美国经济起重大作用的证据仍相当薄弱，由于经济衰退带来的结构调整影响，在实践中量化宽松政策的有效性也在不断被削弱，如果没有财政政策等其他政策的配合，货币政策的有效性势必持续下降。[①]

与美联储相比，欧洲央行危机应对的反应明显"迟钝"，从 2009 年到 2014 年，欧洲央行的政策重心仍然是增强传统货币政策的有效性，直到 2015 年才开始实施较为激进的扩张性"非常规"货币政策。

---

① 根据金融加速器（financial accelerator）理论，扩张性财政政策可以通过增加总需求来帮助企业恢复资产负债表，进而通过"资产负债表"渠道恢复货币政策的有效性，具体参见 Kiyotaki 和 Moore（1997）、Bernanke（2009）等。

而日本央行在危机之后的反应一直较为温和，由于担忧宽松货币政策可能导致的泡沫风险，日本在2013年4月才开始实施附加前瞻性指引的"质量双宽"货币政策（QQE）。从实施效果上看，欧元区和日本的非常规货币政策并未完全达到预期目标。欧元区的制度安排和欧央行的政策体系对于货币政策实施有较多限制，加上主权债务危机的打击，货币政策目标与工具之间的冲突更加难以协调。日本的金融市场结构、资产泡沫的历史和被动型的货币政策框架同样也弱化了宽松货币政策的效果，使其在政策定位和传导机制等方面均严重受阻。

三 中国货币政策转型期的调整应对

2008年金融危机之后，中国货币政策表现出新的特点。一方面，货币供应量的快速增加并未造成通胀水平的相应提高，[①] 反而导致政府债务水平、房地产价格和宏观杠杆率的快速攀升；另一方面，受到周期性和结构性因素的影响，经济增长出现趋势性下滑，货币政策不仅未能解决产出缺口持续扩大的问题，反而进一步加剧了结构性错配。[②] 在此期间，中国货币政策一直在紧缩和宽松之间摇摆，政策定位不够清晰，政策目标的优先级也难以明确，这导致货币政策对实体经济的正向效果始终不够显著。厉以宁（2013）进一步总结出货币政策"两难"，偏紧的货币政策会使实体经济运行更加困难，而宽松的货币政策也不能完全解决实体经济的流动性问题。

---

① 中国货币供给量在2009年到2013年间，剔除实际经济增长率后的年均增长率接近10%，而年均CPI仅为2.6%。

② 2008年金融危机之后，中国M2/GDP快速上升，2007年为152%，2010年上升至181%，2015年则突破200%达到206%，居全球首位。

考虑到传统货币数量论失效的背景,人民银行加快了货币政策由数量型调控向价格型调控的框架转型。但在此过程中,一方面,传统的数量型工具调控效率不断减弱,货币供应量作为中介目标的货币政策实施前提发生了较大变化①;另一方面,市场化的工具体系又尚未完善,市场化利率体系还未建立,长短期利率调节工具始终未能有效应用,价格型货币政策调控手段无法充分发挥作用。这导致货币政策工具失效和传导机制不畅的问题更加突出。

2013 年以来,人民银行又创设了多种创新性的货币政策工具。在常规的存贷款基准利率、存款准备金率和正逆回购等传统工具基础上,为了提高货币政策工具的灵活性和针对性,又相继采取了 SLO、SLF、MLF 和 PSL 等结构性货币政策工具。其中,短期流动性调节工具(SLO)是对公开市场操作的必要补充和完善,主要用于临时性的调节短期流动性;常备借贷便利(SLF)主要用于满足金融机构较长期限的大额流动性需求,是人民银行正常流动性供给短期渠道;中期借贷便利(MLF)主要是向符合宏观审慎管理要求的商业银行、政策性银行提供中期基础货币,旨在引导货币信贷更好地服务实体经济和国民经济重点领域;抵押补充贷款(PSL)是在再贷款调整的基础上,支持扩大对"三农"、棚改和小微企业信贷投放,促进信贷结构调整。

从实际效果来看,上述结构性货币政策工具在调节市场流动性、改善信贷结构和优化传导机制等方面确实起到了一定的"定向调控"的效果。但是,从货币政策定位来看,频繁使用此类复杂和多样的结

---

① 金融创新对于传统货币政策作用的冲击尤为明显,同时削弱了货币因素与宏观变量之间的关联程度和货币当局对基础货币的控制力度,参见 Roman 和 Sargu (2011) 等。

构性工具，一方面对管理市场预期有负面作用，与货币政策总量目标的定位相冲突；另一方面也从结构化的角度证实了传统货币政策有效性的下降事实。而结构性货币政策的效果由于工具繁多和期限复杂，其是否能够真正弥补常规货币政策的不足也有待长期的时间检验。

◇ 第二节 货币政策理论及其"新共识"

20世纪80年代末到2007年美国次贷危机爆发的20年时间里，全球主要发达经济体特别是美国经济经历了一段高增长、低通胀的黄金时期，这段时期被西方学者称为"大缓和"（Great Moderation）（Bernanke B., 2004；Galí J., 2008）。与此同时，在理论层面，主流宏观经济学和货币主义理论一度出现相互融合的趋势，各学派的经济学家在很多观点上逐渐形成了新的共识，因此这一时期的理论进展也被西方学者总结为宏观经济学理论"新共识"（New Consensus in Macroeconomics）（Arestis, 2011）。在"新共识"下，新凯恩斯主义将货币主义理论重新复活，两大流派的观点得以相互融合，在此基础上产生了新的发展。因此这些共识也被称为"新新古典综合"（New Neo Classical Synthesis）或"新凯恩斯主义方法"（New Keynesian Approach）（Goodfriend and king, 1997）。

一 "新共识"货币政策模式的实践基础

20世纪80年代以前，宏观经济理论的主导位置一直都是由凯恩斯主义的研究者所占据，其中对于如何逆周期调节经济波动的主要理论是菲利普斯曲线（Phillips Curve），主要政策工具是以相机抉择为基本决策原理的财政政策。决策者采取这一政策的主要目的是要抑制经济产出和通货膨胀的波动，但是从经济运行的实际效果来看，基于相机抉择原理的相关财政政策并不能起到很好的作用，相反却起到了加剧经济波动的负面效果。在这些政策的影响之下，通货膨胀等经济问题愈演愈烈，形成了螺旋式的叠加上升趋势，各类通胀指标大幅提高。加之经济增长乏力，出现了经济下滑与通货膨胀并存的局面，即历史上著名的"滞胀"阶段。① 传统凯恩斯主义理论认为这种情况是由货币之外的其他原因造成的，货币当局难以通过有效的货币政策手段来抑制通胀并恢复经济产出（Devine，2000）。

由于凯恩斯主义对于"滞胀"下的经济形势变化和宏观经济政策失去了解释力，政策当局和民众也对凯恩斯主义理论逐渐失去了信心。学术界开始重新重视货币主义理论的作用，对于货币主义的理论和政策主张进行了更加深入的研究，政策当局在应对"滞胀"问题的过程中也较多地采用了货币主义的政策措施。以弗里德曼为代表的货币主义学者认为，当时的通货膨胀主要就是由货币因素引起的，而中央银行有充分的能力和政策工具来抑制通胀，并促进经济恢复和增长。他们认为，超过正常额度的货币供给通常情况下会导致持续性的通货膨胀，而对持续性的恶性通货膨胀进行有效控制的一个充分必要条件，就是对货币数量进行有效调控。由于经济市场中对货币的需求变化较为灵活，难以进行有效的预测，货币当局可以对银行准备金或

---

① 早期的研究主要认为滞胀是由20世纪70年代两次石油危机所引发的，而后期的研究逐渐将视角转到政府为应对危机所采取的宏观政策方面，注重从凯恩斯主义、货币主义和新供给学派等理论分析各类政策实施的效果和问题，参见 Barsky, R. B. & Kilian, L. (2000) 等人的研究。

者现金体系进行调整控制,把握货币发行和供给,从而有效应对通货膨胀(Barro and Gordon,1983;Svensson,1999)。

经过20世纪80年代的研究和实践,货币主义理论和政策主张逐渐被学术界和政策当局所接受,并在应对通货膨胀过程中发挥了积极作用,货币主义大有取代凯恩斯主义而成为宏观经济学主流理论之势。在此期间,货币主义理论本身也得到了更加深化和系统的研究,并形成了一定的基本政策框架。比如,货币当局的独立性可以保证其承担起价格稳定的职能,这也应当是中央银行的首要职能。因此中央银行货币政策的目标应当是关注通货膨胀,并通过控制货币供应量的政策手段来实现这一目标。此外,货币政策能够有效发挥作用的前提,还包括央行制定政策规则的透明度和可行性。也即,规则(Rules)比相机抉择更加重要(Clarida Richard, Jordi Galí, and Mark Gertler, 2000)。

此后,传统的凯恩斯主义学者不得不开始接受货币主义学派在应对通货膨胀和货币政策实施等方面的学术观点和政策主张,将其纳入到了经典的凯恩斯主义分析框架之下,并在实践中对其进行不断的检验和更新。货币主义也在与凯恩斯主义的不断融合中逐渐丰富和完善了其货币政策理论体系,形成了"新共识"货币政策理论基础,表1-1列举了其中具有一定代表性的事件。

表1-1　　　　　　"新共识"框架形成的关键事件

时间节点	主要事件和政策原则
1979年	中央银行(美联储)公开发布将以控制通货膨胀为政策目标,并通过实施货币政策来维持物价稳定、抑制通货膨胀

续表

时间节点	主要事件和政策原则
1981—1985 年	美联储成功通过货币政策实施,抑制了不断恶化的通货膨胀问题,并通过政策承诺来管理通货膨胀预期
20 世纪 80 年代末期	一些发达经济体央行开始以价格稳定为货币政策操作目标,并逐渐从货币数量操作框架转向价格型货币政策框架
1987—1993 年	各国央行在货币政策操作实践中逐渐确立了有弹性的通货膨胀目标制作为货币政策执行规则
1994 年	美联储首次公布联邦基金利率目标值,提高了中央银行货币政策制定的透明性
2001 年	美联储通过价格型货币政策框架实施的成功经验,证明了央行采取通货膨胀目标制在应对经济衰退中也可以发挥积极作用

资料来源:根据相关文献整理形成。

二 "新共识"货币政策的理论框架

根据上文所述可见,在 20 世纪 70 年代到 80 年代美联储应对通货膨胀的过程中,宏观经济学理论研究和货币政策实践互相促进,共同推动了"新共识"货币政策理论框架的形成。一方面,宏观经济学理论的新进展,如动态不一致性、理性预期与货币主义基本理念相结合,指导了美联储的货币政策定位、目标设定和工具实施,有效应对了高通胀。另一方面,美联储一系列创新性的政策操作以及在抑制通货膨胀、维护价格稳定方面的成功经验也极大地丰富了货币经济学的研究内容,不仅在传统的失业与通货膨胀理论(菲利普斯曲线)、宏观经济政策理论等方面进行了反思和改进,也使得理性预期理论、真实经济周期理论等得到了快速发展。

由此,宏观经济学研究的动态分析框架得以形成,包括新凯恩斯主义菲利普斯曲线、动态 IS 曲线、泰勒规则等，取代了一般均衡的静态模型，成为经济分析的标准工具。再加上数学和计算机科学等分析工具在经济学研究中新的引入和发展，使得"新共识"货币政策理论具备了较为完善的理论基础。

在宏观理论方面，主要的共识包括：长期货币中性、预期对政策的敏感性、名义和实际粘性导致的短期内通货膨胀和失业之间的替代关系等。Woodford（2009）将理论层面的新共识总结为五个方面：一是宏观经济理论应当以跨期一般均衡模型为基础；二是定量政策分析应该以经过计量检验的结构模型为基础；三是预期应被当作内生变量并在政策分析中考虑到政策本身对预期的影响；四是实际冲击而非名义冲击才是经济波动的重要来源；五是货币政策是有效的，特别是在控制通货膨胀方面。

同时，货币政策方面的新共识在更广泛的层面得到了学者和政策当局的认同，并对各国货币政策实践产生了重要影响。

Bean（2007）认为货币政策"新共识"主要包括：第一，与财政政策关注长期目标不同，货币政策应当主要关注总需求管理目标；第二，货币当局的独立性对于货币政策实施效果尤为重要；第三，中央银行不应过度关注中介目标，而应主要将通货膨胀作为最终目标重点关注；第四，与央行独立性同样重要的是货币政策可信度和预期。

Mishkin（2009）则总结出了发达国家在危机之前货币政策指导思想的九大科学共识，分别是：（1）通货膨胀是一种货币现象；（2）维持市场物价稳定意义重大；（3）在长期失业与通货膨胀之间不存在替代关系；（4）预期在宏观经济的通货膨胀和货币政策传导中扮演重要角色；（5）泰勒规则对于货币稳定十分重要；（6）货币政策受到时间不一致问题的影响；（7）中央银行的独立性能够有效提高其实施货币政策的效率；(8) 中央银行货币政策能否获得预期结果的一个关键要素是名义锚的可信度；(9) 金融摩擦在经济周期中扮演重要角色。Goodfriend (2007) 指出泰勒规则以通货膨胀缺口和产出缺口作为政策目标，已经成为货币政策模型最普遍的方法。

Blanchard (2010) 等对 2008 年危机之前主要央行货币政策的基本特征进行了如下总结：(1) 中央银行通过单一的工具（基准利率）来实现单一的目标（抑制通货膨胀）；(2) 中央银行通过维持通货膨胀系数在较为稳定的水平上，将产出缺口稳定在较小的范围之内；(3) 当局制定的财政政策只能发挥有限作用，且地位大幅度下降；(4) 金融监管不属于货币政策的范畴；(5) 货币政策在大缓和时期发挥了重要作用。

Arestis (2011) 从新凯恩斯主义的角度对危机之前货币政策形成的"新共识"进行了全面的总结，并建立了一个理论框架模型。该模型包含了总产出、菲利普斯曲线、货币政策规则、开放条件下的汇率等方程，完整描述了"新共识"的理论基础。其核心是通货膨胀是一种货币现象，因此，可以利用货币政策来稳定价格，建立在弹性货币政策规则上的利率调整可以达到相应的政策目标。

◇ 第三节 "新共识"货币政策理论：批判与反思

2008 年金融危机对于长达 20 年的西方"大缓和"经济造成了严重破坏，也对在"大缓和"经济背景下形成的货币政策"新共识"理论形成了极大冲击。由于"新共识"理论无法预测和解释本次金融危机的发生，宏观经济学界基于金融危机的现实特点，对"新共识"

货币政策框架进行了更深一步的批判性的反思，对传统的货币经济学理论提出了改进意见。

学者们普遍认为，"新共识"货币政策理论模型的一大问题是抽象掉了金融摩擦（市场）和金融中介（货币），货币的作用没有真实体现（Stiglitz，2010）。这两大问题在金融危机之前就存在普遍的争论。而在危机发生之后，一系列的现象表明，正是"新共识"理论框架中关于忽略金融市场和货币的作用的缺陷，在很大程度上导致了货币政策实施的问题（Bernanke，2009）。

Rogoff（2010）指出现代宏观经济学面临三大挑战，分别是：（1）如何将金融摩擦纳入基准模型之中；（2）如何更好地理解政策财政和债务政策对经济的影响；（3）如何开展对金融市场监管的成本效益分析。Blanchard（2010）也对"新共识"货币政策框架进行了反思，主要结论是：（1）稳定通胀不应成为货币政策的唯一目标；（2）低通胀目标限制了货币政策的使用范围，应当调高通货膨胀目标；（3）金融中介对货币政策乃至整个经济的影响重大；（4）金融监管对于宏观经济和货币政策有重要影响。

更为激烈的批评来自克鲁格曼，他认为金融危机暴露了此前40年所发展起来的宏观经济和货币政策理论的根本缺陷，需要对这些理论进行彻底的修正（Krugman，2009）。Cochrane（2011）则对克鲁格曼的批评进行了反击，他认为克鲁格曼对于现代经济学和经济学家的攻击是站不住脚的，市场的有效性不等于完全市场，财政政策并非始终有效并且作用有限，货币政策的理论基础是正确的，但也存在改进的余地。

也有学者对"新共识"理论框架进行了辩护，Arestis（2009）指出模型的最优化假设本身就隐含了经济中不存在信用风险，经济主体不存在失信行为，因此货币资产无特定需要。Woodford（2010）也指出，在"新共识"模型中，中央银行可以实现与最优利率水平相匹配的任意货币存量，因而名义货币存量无须在模型中表示。但是，这一假设与金融危机时经济的实际表现严重不符，这也成了很多经济学家反思和批判"新共识"经济理论的重要方面。Mishkin（2017）也认为金融危机并没有证实危机之前的货币政策理论存在根本性的错误，而是在认识程度上有所欠缺。

总的来说，2008年经济危机在一定程度上揭示了"新共识"货币政策框架存在的一系列问题，主要包括：第一，宏观经济学经典理论框架并不完美，还存在很多缺陷；第二，宏观经济政策实践并不完全有效，很多时候与经济发展阶段不匹配；第三，货币政策操作并不总能达到最终目标，还存在中间过程的技术问题。但同时也应当认识到，"新共识"货币政策理论的形成具有坚实的理论基础和长期的实践基础，包含主要经济体在过去几十年内维持经济稳定、抑制通货膨胀的丰富成果和厚重经验，对于中国货币政策框架从数量型调控为主到价格型调控为主的转型和重构具有十分重要的借鉴意义。

◇ 第四节 后危机时代货币政策理论新发展

一 非传统货币政策发展背景

对于非传统货币政策，学术界并没有形成统一的定义。它主要是指主要发达经济体在应对2008年金融危机之中和之后，所采取的一系列区别于传统货币政策的各种创新型的货币政策工具。在这一方面，实践走在了理论发展的前面。危机应对过程中，以美联储、欧洲央行为代表的主要经济体货币当局实施了量化宽松、前瞻性指引、负利率、资产购买等不同的新型货币政策，对于解决危机造成的流动性问题、金融稳定问题和实体经济不振等问题等起到了积极作用。

非传统货币政策实施的主要背景，就是传统货币政策在应对危机之中的有效性下降。但实际上，也有学者认为传统货币政策在危机之前就存在有效性持续下降的问题（Stiglitz, 2014）。

从外部宏观环境来看，全球金融市场快速变化使得抵押品市场在危机冲击下崩溃，安全资产短缺。从货币政策传导来看，经济体系的变化导致传统货币政策传导机制受到阻滞，进而造成信贷陷阱和流动性陷阱，金融系统风险加大。从微观市场主体来看，危机导致各类市场主体行为发生变异，金融机构趋于保守，企业投资意愿下降，家庭部门消费下滑，对总需求形成负面冲击。

在此背景下，各国央行不得不放弃传统的货币政策操作框架，转而创新和采取更加有效的非传统政策工具，来应对和解决危机冲击，实现货币政策目标，如表1-2所示。Werner（2009）总结指出，在整体经济环境崩坏、传统的货币政策相继失灵之时，非传统型的货币政策应运而生，为经济环境注入新的生机，有效地改善了中央银行对经济运行逆周期调控的效力。

表1-2　　　　　　　　非传统货币政策分类

分类方法	具体分类
按照目标的分类方法	一是塑造政策预期；二是扩大央行资产负债表；三是调整央行资产负债表结构；四是突破"零利率下限"的利率政策

续表

分类方法	具体分类
回归货币政策本质的分类方法	按功能划分为"数量型"和"价格型"非传统货币政策。具体来说，量化宽松政策属于数量型，前瞻性指引包括"数量型"和"价格型"，负利率政策属于"价格型"，中国结构性货币政策工具具备"数量型"和"价格型"非传统货币政策的双重属性
按照具体实施工具分类	分为前瞻性指引、量化宽松、负利率政策、结构性货币政策

资料来源：根据相关文献整理形成。

综上所述，与传统型的货币政策相比，非传统货币政策主要区别在于：第一，非传统性的货币政策在解决金融危机所暴露出来的问题时更加具有针对性，对症下药方是良策；第二，直截了当地摆脱了"零利率下限"这样的利率限制，极大地刺激了流动性环境，对长期借贷利率的直接调控也同样为现金流市场注入了及时的活力；第三，有效地平衡了之前长久存在的结构性问题，在金融市场与实体经济之间达成了协调均衡。

二 非常规货币政策实施效果与货币政策"正常化"

非传统货币政策又被称为非常规货币政策，其大规模实施起源于日本。20世纪90年代末，日本央行为了应对金融困境，开始实施量化宽松政策（Quantitative Easing Strategy），即通过购买长期国债而向市场注入流动性并保持低利率。这一政策一直持续到2006年，对于金融市场的稳定起到了一定效果，但是对于这一阶段的实体经济复苏并未发挥明显作用（Shirakawa，2009）。

在非常规货币政策的实施效果方面,很多学者通过建立模型,进行了定量研究,结论均较为积极,即认为美联储和欧洲央行等发达经济体央行实施的量化宽松等非常规货币政策,在一定程度上对于应对金融危机冲击、维持金融市场稳定和防止经济下滑等方面发挥了积极作用,对经济复苏起到了一定的刺激作用(Curdia, Woodford, 2010; Gertler, Karadi, 2011; Cecioni, Ferrero, 2011; Woodford, 2012)。

但同时,实施非常规货币政策也会产生通货膨胀风险、金融市场风险、退出策略风险、中央银行风险、政策溢出风险等负面影响。如果对诸多风险未能有效处理,则发生系统性金融风险的概率就会大为增加,从而对金融市场稳定造成极端影响。Bernanke(2009)提出了在实施非常规货币政策之后,美联储资产负债表的收缩机制,建议从降低短期借贷规模、对商业银行超额准备金支付利息、针对交易商开展大规模回购以吸取超额储备、针对商业银行发行定期存款凭证、在市场上直接出售美联储持有长期资产以及提高联邦基金利率和贴现率等方面来逐步实施。Blinder(2010)则指出,美联储一开始进行量化宽松政策是应对危机的权宜之计。但是,随着救助政策的持续,非常规货币政策也逐渐更加有序和周全,他认为这是"干中学"的一个绝佳案例。同时,他也认为随着政策深入,各种风险和问题也更加突出,如零利率下限、资产负债表膨胀、金融市场风险等。因此建议应当有计划地实施退出机制并逐步回归到常规的货币政策体系。

当然,也有学者对于非常规货币政策持有保留意见。Taylor(2014)就指出,美联储在危机之后实施的量化宽松和前瞻性指引等政策并未取得应有的效果,相反还存在预期风险和时间不一致问题。

他认为，美联储还是应当回归基于规则的战略和货币政策框架，并且引用了 Yellen 的讲话"多数研究表明，在常规时期，当经济受到典型冲击，而非金融危机的特别冲击时，简单的规则最接近于最优的货币政策选择"（Lutas，Yellen，2013），指出在阶段性的非常规货币政策之后，基于规则的政策框架应该重新成为统一标准。

第五节　中国货币政策框架转型：争议与共识

我国转型期的经济环境与世界发达经济体大多有所不同，所以，我国中央银行所制定与实施的相关货币政策不同于发达经济体的"常态"调控。中国经济正处于高速发展向中高速发展的转型过程中，经济结构也正处于不断调整与完善的过程中，相应的金融体系也在持续地完善和变化之中，因此很多学者认为，我国的货币政策框架也应按照经济转型的要求，对操作框架进行转型和重构（马骏，2014；张晓慧，2015；徐忠，2018）。

与发达经济体的单一"通胀"目标制不同，中国的货币政策框架一直都是广义"多目标"体系（周小川，2013；Reuven，Michael，2009；Vu Hong，Nguyen，Boateng，2015）。中央银行所制定与实施的货币政策工具几乎都包含着相应的政策意图（Gertler，1988），中国央行采用行政命令、市场机制等多种工具来完成多个政策目标，与发达经济体"常态"的宏观调控的程序有所不同。周小川（2013）认为，我国一直都是实施的非常规货币政策。在我国目前的宏观环境下，不论是央行货币政策的目标还是央行可以采用的货币政策工具，相对于发达经济体而言，都更具多样性，央行的货币政策操作取向不易从其操作工具的信息中获取,信贷政策和创新型的货币政策工具都是央行货币政策意图的具体体现。

目前来看,我国的货币政策如何作用、作用渠道是什么等问题在学术界存在大量争论。但从整体上看,已有研究较为一致地认为,中国在较长一段时间内政策渠道主要是数量型传导和信贷机制(李斌、伍戈,2014),货币政策框架转型的重点是利率市场化并保持内外部均衡(易纲,2018),货币政策调控需要在市场化改革的总体框架下逐步建立以价格调控为主要模式的操作体系(张晓慧,2012;伍戈,2016;徐忠,2018)。

但是,由于我国的金融体系与利率体系仍处于调整状态,整体机制还不够完善,政策传导的作用和效率还存在问题(蔡跃洲、郭梅军,2004)。Lixin 等(2009)通过构建 VAR/VECM 模型研究了我国货币政策传导机制,研究结论表明,货币政策对商业银行的信贷存在显著影响。Dong, Wang(2012)认为中国存贷款市场的流动性利率显著地受到行政利率的影响。王莹(2013)指出央行为了满足市场供求需求所实施的双轨利率在某种程度上扭曲了传导机制,应被看作是一种过渡机制。但随着中国利率市场化进程的加速,我国数量型货币政策和信贷机制的传导效率会逐渐减弱(Xiaohui and Qing,2014)。Guo, Li(2011)则强调中央银行的超额准备金和资产负债表问题可能会产生资产泡沫,如果对于资产价格风险重视不够,可能会导致金融市场出现危机。

学术界对于中国货币政策框架存在的问题分析较多,但对于主导性的问题还存在较多争议。Zheng, Wang, Guo(2012)提出我国的货币政策对于通货膨胀以及产出缺口的影响是不均匀的,其原因在于,在不同的情境下,我国实施货币政策的目标的抑制性较强,货币政策制定与实施的规律性较弱。Nguyen，Agyenim（2015）认为，由于我国的经济结构正处于转型中，相应地，我国实施的货币政策具有较强的非规则性。在实施紧缩货币政策时，大型银行更有动力减少风险承担行为。在现有文献中，大量学者提出并且验证了我国货币政策对于世界经济的影响，认为我国的开放型的积极货币政策对于全球商品货物交易价格有正向的提升作用（Frankel，2008；Akram，2009；Belke et al.，2012；Anzuini et al.，2012）。同时，三元悖论问题表现出新的特征，在面临资本流动和汇率压力的情况下，如何保持央行货币政策的独立性，对于中国货币政策框架应对内外均衡提出了更大的挑战（Reuven，Michael，2009）。

与美国所进行的货币政策框架转型研究相比（Blinder et al.，2016），我国对于货币政策目标改革的共识更为广泛，基于宏观审慎政策而对应的金融稳定目标具有宏观理论和微观基础的支持。此外，中国央行实施的一系列新型货币政策工具也体现出我国货币政策操作和转型的路径变化，央行沟通、前瞻指引和信贷政策等也逐渐被政策当局和市场所认可（张成思，2017）。

学术界对于中国货币政策框架问题的争议体现了中国货币政策制定与货币政策框架转型的难度，也在很大程度上反映了货币政策能够带来的宏观调控效果的不明确。当前在实践中，货币政策与金融监管作为中国货币政策框架转型的思路比 M2 作为货币政策中介目标更加突出；货币政策利率传导渠道较信贷传导渠道更为畅通。在经济"新常态"下，需要进一步优化货币政策适应经济转型和促进实体经济发展的效果，理顺货币政策调控机制并疏通货币政策传导，积极构建货币政策与宏观审慎政策协调运行的"双支柱"体系。

第六节　中国经济"新常态"：前沿进展

"新常态"的概念最早是由外国学者提出并进入中国学术话语圈的。2004 年，美国人罗杰·麦克纳米在《新常态——大风险时代的无限可能》一书中提出"今天是一个无法预知的时代，即使世界经济恢复了，也无法再回到过去的辉煌"，书中所描述的"无法回到过去的经济发展新时代"便被作者称为"新常态"（McNamee, 2004）。随后，美国一家投资公司的研究者使用了"新常态"（New Normal）一词来概括 2008 年国际金融危机后，全球经济尤其是发达经济体的经济环境已经不同于金融危机发生之前的特征事实。西方一些主流媒体逐渐将"New Normal"运用到宏观经济领域，主要指在 2008 年危机之后，欧美主要发达经济体陷入经济衰退的新困境和危机之后经济恢复的缓慢而痛苦的过程。

此后，"New Normal"进入中国学术圈，并被赋予了新的含义。很多学者都借用该词来表示国际经济形势发生了大的变化并成为一种趋势，中国经济也会进入到与以往"旧常态"不同的新的发展阶段（林毅夫，2012；黄益平，2012；李扬，2013）。

在 2014 年 APEC 会议和中央经济工作会议上，习近平总书记先后对"新常态"进行了全面深入的阐述，代表了中国官方对于中国经济"新常态"的最为权威的论述。2014 年的中央经济工作会议上，习近平总书记高度阐释了中国"经济发展新常态"的九大趋势性的变化，指出"认识新常态，适应新常态，引领新常态，是当前和今后一个时期我国经济发展的大逻辑"。这九大趋势内容包括：消费需求、投资需求、出口和国际收支、生产能力和产业组织方式、生产要素相对优势、市场竞争特点、资源环境约束、经济风险积累化解和资源配置模式与宏观调控方式等主要方面。可见，经济"新常态"的"新"并不局限于经济增长出现的趋势性变化，而是在经济发展的各个主要领域的全方位转型。对"新常态"的解读不仅反映了经济运行的客观规律，也体现出政策当局对中国经济态势的战略定位和深刻认识。习近平总书记在2014年一共五次提出中国经济"新常态"，并在之后又逐步深入和全面地对其进行了论述和阐释，表明中国官方已经将"新常态"明确为中国经济当前和未来一段时期的最主要特点。

很多学者也从"新常态"的视角，讨论了中国宏观经济调控的变化。马骏（2014）、刘世锦（2014）等认为在"新常态"条件下，一些新的变化正逐渐成为经济发展中较长时期稳定存在的特征，中国经济增长将不可避免地出现一个新的稳态，同时经济结构也必然要做出调整，因此宏观调控政策要注重需求管理和供给层面相结合、财政政策与货币政策相结合，经济刺激政策要做出合理调整，货币政策框架要形成适应经济"新常态"发展的全新体系。"新常态"下也要进一步坚持社会主义市场经济改革方向，协调政府、企业和各类经济主体的积极性，防止"中等收入陷阱"的出现，这就为宏观经济政策的制定提出了新的要求，也为宏观经济政策特别是货币政策在市场化条件下更好地发挥调控作用提供了新的条件（刘伟，2016；2018）。

同时，也要看到经济"新常态"不是一成不变的，而是随着外部经济环境和国内经济形势的变化不断出现新的特征，也会进入新的阶段。这种新阶段并非呈现出线性变化，而是处于结构调整的关键期、动力转换的困难期和前期风险叠加的释放期，具有非线性的特征（刘元春，2018）。因此，讨论经济"新常态"必须与经济新走向、新结构、新动力等变化相结合，针对中国经济增长的动态特征和趋势走向、中国经济结构调整和产业升级、经济发展动能转换以及供给侧结构性改革等实际问题，在各种理论问题和政策问题的分析中予以细化，才能真正得出有理论价值和实践意义的结论（张卓元等，2016）。

第 二 章

货币政策框架转型与重构：
国际经验与比较分析

从经济危机和金融危机的视角来观察，主要发达经济体在历史上都经历了货币政策框架长期演变的复杂过程。在遭遇超出预期的通货膨胀、金融危机以及经济萧条之后，尽管美国、欧元区以及日本所处不同的时代导致遭遇危机的具体表现有所差异，但是在面对严重经济危机的情况下，美联储、欧洲央行和日本央行在货币政策制定框架上都历经了同样的转型思路变化：危机导致货币政策目标体系改变，为实现新的政策目标，具体的政策工具体系也要相应调整，不同工具又对应不同的传导机制。即货币政策框架转型与重构的内在逻辑都为"目标体系—工具体系—传导机制"的连续变化。

无论是美联储在遭遇金融危机后再次意识到维护金融稳定目标的重要性，从而采取一系列非常规货币政策工具；还是欧洲央行为了解决次贷危机后提高经济金融体系中资产流动性以及主权债务问题，采用的众多创新型货币政策工具；抑或是日本遭遇经济泡沫，为解决不良债务以及刺激经济，发生的货币政策方向性的大转变，进而采取超预期非常规货币政策框架，都完全符合货币政策框架"目标体系—工具体系—传导机制"演变的内在逻辑。国际经验分析的意义，是在梳理中国货币政策框架转型历史、背景、定位和"有效目标"体系构建以及工具体系、传导机制完善之前，对主要发达经济体在特定历史阶段的货币政策体系调整和框架转变的特征进行总结，为中国货币政策框架转型的理论和实践分析提供参照系和借鉴。

◇ 第一节　美联储货币政策框架转型：从"大缓和"到大变革

一　"大缓和"时期美联储货币政策框架的转变

在第二次世界大战之后到20世纪80年代，美国先后经历了大通胀和大通缩时期，获得货币政策独立性的美联储在控制通货膨胀方面的能力也逐步成熟（Bernanke, 2013）。在第二次世界大战结束最初的数十年中，美联储采用了公开市场操作和贴现率影响短期市场利率，中间操作目标逐渐被锁定为联邦基金利率。50年代到60年代初期，美国的物价水平相对稳定，通货膨胀保持在合理区间。但是，从60年代中期开始，通货膨胀在较长一段时间内不断地上升，其原因在一定程度上可以归结于，美联储对美国经济保持快速增长和低通货膨胀能力的盲目乐观。美联储并没有像50年代时加大应对通货膨胀的力度，也没有基于现实的经济生产潜力评估，制定应对物价水平不断飙升之策。而是过于强调成本推动和结构性因素导致了通货膨胀，误认为工资与价格水平对经济低谷并不敏感，这与弗里德曼所强调的"通货膨胀始终是一种货币现象"截然相反。

在这种观念的作用下，美联储并没有出台政策调整货币供给，而是采用了各种控制工资水平和物价水平的措施。另外，经济学家认为，较低的通货膨胀带来的益处，要远低于为了实现低通胀所需的成本，这是美联储未能及时遏制通货膨胀的一个重要原因。20世纪70年代，美联储在旧的货币政策框架下引发了两轮高达两位数的通货膨胀。甚至到了70年代末期，不稳定性的通货膨胀预期又进一步导致了长期利率中隐含的通货膨胀预期的上升。

直到20世纪80年代，美联储才从根本上转变了确保价格稳定的方式，这种变化是一些决策者反思的结果。在70年代末期，通货膨胀是货币现象（至少在中长期是）的观点，逐渐被美联储官员所接受，美联储开始警惕对经济潜在产出盲目乐观的风险，并强调实际利率和名义利率存在重要差异性。至此，美联储的货币政策框架与操作模式发生了重大调整，逐步向"单一目标、单一工具"的新操作模式转化。

在此之后，直到2007年次贷危机爆发，美国经济经历了一个"大稳健"和"大缓和"时期。美联储的货币政策目标以及整体政策框架更加清晰，政策逻辑更为简明直接，货币政策的透明度也明显提升。由此带来的结果就是，价格稳定创造了良好的经济环境，美国经济经历了高增长与低通胀并存的"黄金二十年"。前文所论述的"新共识"货币政策框架，正是这一阶段经济稳定和政策稳定的集中体现。

但是，正如对"新共识"框架的反思和批判所强调的，由于金融监管职责是由美联储和其他相关机构共同承担的，所以在很长一段时间，美联储并没有足够重视金融稳定的意义，对于市场的监测和沟通也存在缺失。利率传导机制在表面上较为顺畅，但中介目标层面已经产生了风险隐患，这在一定意义上为2007年的次贷危机以及紧随其后的金融危机提供了"易爆点"。

二 2008 年危机之后美联储货币政策框架再转型

1929 年经济大萧条之后，2008 年金融危机以及随之而来的大衰退再次发生，金融不稳定在大范围对经济造成重大破坏。随着经济全球化向纵深发展，这种破坏的范围被扩展至全世界。危机冲击导致美联储货币政策框架再次发生转向，促使了宏观经济学界和政策制定者对于"新共识"货币政策框架的反思，金融稳定的重要性被重新提到了前所未有的高度。时至今日，维护金融稳定与保持价格稳定对于美联储来讲，已是处于同等地位的任务，这种观念的转变也加速了美联储货币政策理念和框架的转变。美联储的货币政策目标在一定程度上回到了最初的监管者的视角，风险防范、危机救助和常规框架融为一体，各类创新型的政策工具被赋予了更加合理化的含义。

2007 年美国次贷危机和 2008 年金融危机发生之后，美国金融体系和实体经济遭到重创，美联储迅速启动危机救助计划，使用了一系列独具创新性的货币政策工具，目的是在短期内维持金融稳定并在中长期恢复实体经济增长。具体而言就是通过加强流动性支持和大规模资产购买等来应对金融市场功能失调，这些货币政策工具既有直接为核心市场中的借款人以及投资者提供的信贷市场流动性工具，也包括为银行、存款类机构以及其他金融机构提供的金融系统流动性工具。此外，美联储与十多个国家的中央银行合作，安排了货币互换，在全球注入美元资本，以此携手应对这次全球性的金融危机，防范世界金融体系流动性危机的蔓延。

在常规工具方面，从 2007 年 8 月开始到 2008 年 12 月，美联储连续 10 次下调联邦基金利率,基准利率从 5.25% 一直降至 0% 到 0.25% 区间,美国迅速进入到了"零利率"时代。此后这一利率水平保持了长达 7 年之久,并通过利率传导机制影响到长期利率水平。"零利率"环境重构了美联储的货币政策框架,金融体系发生变革,世界金融环境也受到冲击。降息容易加息难,直到 2015 年 12 月美联储重回货币政策"正常化",开启加息周期。

面对零利率下限约束和传统货币政策失效的"伯南克难题",常规货币政策已无回旋余地,非常规货币政策框架成为解决"伯南克难题"的药方。美联储开启了大规模的资产购买计划和扭转操作向市场注入流动性。2008 年到 2014 年间,先后实施三轮超大规模的量化宽松,用以购买抵押贷款支持证券和长期国债。特别是在第三轮量化宽松期间,与前两轮明确宣布资产购买总量目标和实施时限不同,美联储没有明确公布购买总额以及政策实施的时间限制,将资金及其流动性变为"无限供给",进一步提升了宽松预期,并留下了大量的可操作空间给其他后续货币政策。危机救助中的量化宽松政策并不是传统的应对金融危机的方式,而是更大程度地直接作用在经济实体。

但与此同时,危机救助的货币政策框架还是部分沿袭了"大稳健"时期的特点,例如美联储对于信誉之于通货膨胀控制过程重要意义的重视,致力于提高货币政策制定的透明度,并逐渐完善为前瞻指引(Bernanke,2013)。具体操作如提早公布市场操作委员会的会议纪要、美联储主席在每季度召开市场委员会会议后的新闻发布会等。预期管理和前瞻指引有助于锚定通货膨胀预期,并在短期内提高美联储政策的灵活性,将长短期目标相结合,在新框架之下赋予了美联储更多的自由裁量权。

事后的研究表明,危机救助期间的超低利率和量化宽松等政策对于美国金融体系的稳定和实体经济的复苏起到了积极的效果。随着非常规货币政策的逐步退出，美国经济升势明显，GDP、CPI、就业率等宏观指标基本都恢复到了危机之前的水平，房地产价格指数从2012年也开始稳步上升。资本市场更是直接受益，美国三大股指均在危机之后一路上行，走出了历史新高。伯南克本人在卸任后的多篇文章和著作中，也对当时美联储的一系列政策进行了辩护，并显然为美联储和他本人"行动的勇气"感到自豪（Bernanke，2015）。

三 后危机时代美联储货币政策"正常化"及其影响

显而易见的是，美联储的宽松货币政策在后危机时代也造成了难以忽视的负面影响。

对内而言，是美联储资产负债表的急剧扩张和金融市场资产泡沫风险的回归。2008年9月到2014年9月的六年时间，美联储资产负债表从不足1万亿扩张到4.5万亿规模。而由于金融周期与经济周期的非同步效应，金融市场如果没有足够坚实的实体经济作为依托，宽松货币政策加上实体经济结构性矛盾必将造成金融风险的加速积累和异化，由此导致的新一轮泡沫破灭就是周期演进逻辑之中的必然结果。

对外而言，是作为世界货币的美元给全球经济带来的流动性冲击与风险转嫁问题，以及由此施加给其他国家货币政策的制约和不确定性。随着欧债危机的后续蔓延，欧洲和日本等发达经济体也纷纷开启了宽松周期，"超量化宽松""负利率"等政策有过之而无不及。这不仅改变了金融危机之前占据主流地位20多年的"新共识"货币政策框架，也为全球新一轮流动性风险的释放埋下了伏笔。

伯南克在其第二个任期内就已经在考虑和安排非常规货币政策的退出机制问题,然而后危机时代美联储货币政策"正常化"操作进展得并不顺利。主要原因在于美联储受到的制约太多,包括对于经济复苏不可持续的担忧、金融市场风险的变异、债务危机的反向冲击以及全球经济调整带来的潜在风险等,当然也包括美联储自身资产负债表和货币政策体系调整导致的路径依赖问题。故而,非常规货币政策的退出时机以及操作工具的转向不可能是一次性、突发式的调整,只能选择周期化操作模式。

在2014年2月耶伦接任伯南克就任美联储主席之后,美联储的非常规货币政策依然保持了一段时间的延续,在2013年12月缩减每月资产购买规模之后,直至2014年10月才正式结束了第三轮量化宽松计划。2014年9月,美联储公布了《货币政策正常化的原则与计划》。按照耶伦的构想,美联储在缩表方面缺乏经验,而缩表将给刚刚恢复元气的经济带来更大的不确定性。在此之前,伯南克也曾反复强调,资产负债表的大幅修正有可能对稳定不久的经济带来负面冲击。因此,美联储选择了在逐步提高基准利率的基础上,再以渐进、可预测的方式缩减资产负债表。

实际上,正是出于对实体经济不确定性的担忧,美联储在2016年底才正式开启持续的加息周期,直至2019年8月结束。相应地,2017年10月美联储在与市场充分沟通的基础上,开始按计划实施"渐进、可预测"的资产负债表缩减操作,预计将持续三年到五年,也就是说最早将在2020年底结束。

但不论是从市场预期还是现实约束情况来看,加息缩表计划都不太可能按照美联储的剧本上演。首要的风险便是"格林斯潘之谜"重现,即短期市场利率上升的同时长期利率却背离下行。显然,回顾

2018年的市场反应和政策应对情形,由于货币政策传导不畅导致的长短期收益率倒挂,一方面引发了人们对美国经济长期发展前景的担忧,另一方面也加剧了短期金融市场的波动。不仅使得市场悲观预期加大,更进一步限制了美联储的货币政策正常化演进路径。

2019年8月1日,美联储重回降息周期,持续了三年多的加息周期宣告结束,同时也宣告了货币政策"正常化"的艰难退场。此后的多次"正常"降息,全球主要发达经济体纷纷跟进,多个新兴经济国家也加入降息队列,开启了新一轮全球货币宽松大潮。大量流动性的注入让世界仿佛回到了十年之前,一个资产暴涨的时代似乎又要来临。美联储、各国央行和市场参与者正准备再次救世界经济于水火,却浑然忘记了经济基本面已是海市蜃楼,泡沫和风险的发酵同样到了一个高点,"黑天鹅"和"灰犀牛"已经悄然临近。

第二节 欧洲央行货币政策框架转型: 从审慎协调到危机应对

一 欧洲央行成立初期的货币政策审慎框架构建

欧洲中央银行于1998年6月1日正式成立,总部设在德国法兰克福,简称欧洲央行,其前身和过渡机构是欧洲货币局。1999年1月开始,欧元成为欧盟区域的通用货币。作为《马斯特里赫特条约》之后欧洲经济一体化的标志性产物,欧洲央行也开始正式承担起欧盟范围内的金融和货币政策职责。在基本职能方面,欧洲央行与其他传统国家央行差别不大,都是通过货币政策工具来实现宏观经济目标。但

第二章 货币政策框架转型与重构：国际经验与比较分析

与传统的国家中央银行，如美联储相比，欧洲央行由于跨越了行政主权和多个成员国家，而各个成员国的财政政策又分别受到各自行政体制所决定，因此具有了很多新的特征。

欧洲央行在制定货币政策时，需要面对在传统国家央行并不存在的诸多协调问题，这种协调的难度在成立之初尤为明显，但欧洲央行的表现可谓不负众望。欧洲央行在成立初期，较为平稳地实现了各成员国原中央银行货币政策的转移，实施了一系列统一的货币政策，并且保证了欧元币值的稳定和欧元区金融市场的稳定。在欧债危机之前的十年之间，欧洲央行的结构和职责参考了原德国联邦银行的模式，一直都偏好于较为审慎的货币政策，这种稳健审慎的货币政策框架在一定程度上维持了欧元区的低通胀率，价格水平的稳定也带来了成员国良好的经济增长，政策框架如图2-1所示。可以说，早期欧洲央行货币政策设计和运作框架，是全球金融体系实现区域经济一体化的典范。

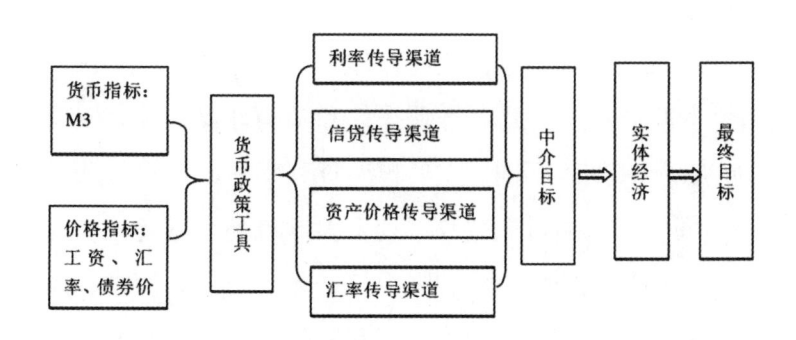

图2-1 欧洲央行早期的货币政策操作框架

资料来源：根据相关文件整理形成。

在《马斯特里赫特条约》的第105条中明确提到，欧元区货币政策的最终目标是保障物价水平的稳定，即通货膨胀水平需要被限制在一定的范围之内,并以此促进经济增长。为了实现货币政策的最终目标,即将长期通货膨胀率保持在2%的水平,欧洲央行将广义货币供应量设定为货币政策的中间目标。之所以选择"广义货币供应量"而不是"狭义货币供应量"指标,主要是因为相对于后者,"广义货币供应量"的利率波动性更小,具有良好的可测量性以及可控制性,也更能反映出经济体中的真实货币供应量规模,与预期通货膨胀率水平的相关性更强。

在最终目标和中间目标框架之下,欧洲央行相应地设计了一系列货币政策工具。其中,基于对应的宏观经济环境而进行的公开市场操作(Open Market Operation)、最低准备金要求(Minimum Reserve Requirement)和再贴现再融资政策(Rediscount Policy)是较为常见的常规政策工具,此外还包括常备便利(Standing Facility)以及相关的利率政策和汇率政策等。

公开市场操作是欧洲央行常规货币政策工具的代表,对于短期利率和市场流动性调节能够起到直接的作用。欧洲央行采用的公开市场业务工具中,最主要的是反向交易操作,具体分为回购协议、主要再融资操作、长期再融资操作、微调操作和结构性操作等,主要区别在于标的物的品种和期限不同。主要再融资利率是欧洲央行公开市场操作的主要市场利率,通过短期政策利率引导市场利率走向。与主要再融资相比,长期再融资操作的期限更长、频率更低。而微调操作的主动性和相机抉择功能更强,操作频率和期限结构都具有非标准化的特点。相比于其他传统货币政策工具,公开市场操作具有较强的主动性、灵活性和可逆性,能够比较有效地调节货币供应量。实际上,作为传统三大货币政策工具之一,在欧洲央行成立之前,其成员国的央行也大多将公开市场操作作为调节货币供给的主要工具。

最低存款准备金要求针对的是欧元区范围内的所有银行以及信用机构，对所有的信用工具均采用最低准备金的规定，其中介目标依然是稳定市场利率和流动性结构。各国银行需要在欧洲央行开立其存款准备金账户，通过对月均或日均账户金额最低标准的要求，进而控制货币供给量和金融市场流动性。具体来看，欧洲央行存款准备金制度的功能主要包括：对货币市场进行流动性缓冲、扩展和改善货币市场结构以及通过提高利率弹性来控制基础货币投放规模。从历史上看，由于存款准备金制度容易用力过猛，对银行体系产生额外负担，因此欧洲央行并不会频繁地调整准备金要求。实际上，德国联邦银行在1993年就将长期负债和活期存款的准备金率分别降至2%和5%。欧洲央行成立之后经过多次协商，最终确定两年以内的存款、债券和货币市场票据的法定准备金率为2%，而长期的准备金率是0，并且在2000年将准备金豁免额度扩大到了30%。这一政策一直保持到欧债危机爆发之前，直到2012年欧洲央行在危机救助框架下将准备金率降至1%的水平。

与美联储类似，欧洲央行将预期通货膨胀作为制定货币政策的主要依据，通过各类政策工具调整短期政策利率，进而通过利率走廊传导到中长期利率，并使其与预测的长期通货膨胀水平保持一致，以此实现货币政策最终目标。"利率走廊"机制是欧洲央行价格型调控体系的核心机制。由于存在法定准备金要求，欧洲央行为商业银行提供了日终备用贷款便利机制和存款便利机制（Deposit and Loan Facilities），贷款利率和存款利率分别成为市场隔夜利率的上限和下限。如果商业银行日终清算资金不足，可以从欧洲央行借入成本较高的资金，也就是边际贷款便利机制（Marginal Lending Facility），该借款利率提供了隔夜利率的上限；同时，日终清算账户仍有余额的机构，可以将多余的头寸存入欧洲央行,并获得相应的利息收益,也就是存款便利机制(Deposit Facility),该利率提供了隔夜利率的下限,由此就构建了一个利率走廊。央行不必频繁地进行公开市场操作,就可将隔夜拆借利率 EURIBOR 限制在利率走廊之间。"利率走廊"完善了欧洲央行的利率期限结构,前文所说的欧洲央行的主要政策利率,即主要再融资利率也在利率走廊内部运行。

二 双重危机下欧洲央行货币政策框架的艰难调整

2007年8月,美国的次贷危机开始向全世界蔓延,欧洲也未能幸免。银行间市场的风险增大,这导致出现了银行惜贷现象,流动性危机爆发在即。欧洲中央银行为了提高金融市场中的流动性,开始向所辖范围内的银行体系注资,同时开展长期再融资操作和利率调整。

直到2008年9月,这次起源于美国的次贷危机已经演变成全球性的金融危机,全世界的金融系统都陷入了重大危机之中,此时全球市场流动性出现严重不足,金融市场中的借贷利率水平快速上涨。欧洲央行为了解决欧元区部分银行再融资困难的问题,采取了大幅度降低政策利率的策略,在2009年5月政策利率已经降至1%。

随后,欧元区部分成员国开始爆发主权债务危机。但欧洲地区最先出现问题的国家是冰岛。在2008年金融危机扩散的初期,冰岛的金融风险问题就愈演愈烈,在此之后形势急剧恶化,不得不宣布国家破产。真正的"欧债危机"始于希腊,2009年12月8日,全球三大评级公司下调希腊主权评级,希腊财政危机爆发,成为欧洲债务危机的导火索。紧随其后的是葡萄牙、西班牙，再到意大利、爱尔兰①，2010年起欧洲其他国家也开始陷入不同程度的危机，欧洲主权债务危机开始扩散，其影响的范围越来越大，德国、法国等核心国家也受到冲击，对欧元区的经济与金融体系都产生了巨大的破坏。

为了应对全球性的金融危机和债务危机，欧洲央行与欧元区国家、国际货币基金组织等众多国际机构协同合作，不得不对其过于"审慎"的政策框架和被批评为过于"迟钝"的政策操作进行调整，②出台了一系列货币政策。除了常规的降息操作外，还包括许多非常规的货币政策，希望帮助成员国尽快从这场席卷全球的危机之中解脱出来，并且尽可能地缓解危机对欧元区金融体系和实体经济的负面影响。

降息是最为主要的常规操作。欧洲央行通过预期引导的方式，基于经济状况和通胀情况来灵活实施利率政策。2011年4月，欧元区的通货膨胀率攀升至2.8%，超过了央行设置的2%的警戒线，并且有潜在抬高趋势。为了应对通胀，欧洲央行在保持了22个月的1%利率水平后，重新将基准利率上调25bp，达到1.25%，三个月后再次上调到1.5%。但由于欧债危机的深化以及欧元区经济的疲软，欧洲央

---

① 上述五国也被国际媒体称为"欧猪五国"，是因为葡萄牙（Portugal）、意大利（Italy）、爱尔兰（Ireland）、希腊（Greece）、西班牙（Spain）五个欧洲国家的英文首字母组合"PIIGS"类似英文单词"pigs"（猪）。实际上，在爱尔兰加入之前，已存在"欧猪四国"（PIGS）。

② 尽管欧债危机和美国金融危机存在相似的债务诱因，但是欧元区与美国和英国的债务结构差别很大，原因就在于其成员国的债务水平和财政能力分化严重，德国和其他国家分别扮演了贷款人和借款人的角色，这不仅导致财政救济政策难以实施，更加大了货币政策的协调难度。

行于 2011 年 11 月重新开启了降息周期，至 2014 年 9 月 10 日，主要再融资利率降低至 0.05%，而隔夜存款利率降为 -0.2%，开启了名副其实的"负利率"时代。

在危机救助框架下，货币政策的目标是多元的，传统的盯住通货膨胀的目标本身也要进行调整。而新的目标除了要保证金融体系的流动性和金融市场的稳定之外，还要配合分散的财政政策应对各成员国的主权债务问题。为了实现上述目标，欧洲央行采用了多元化的货币政策工具，开展了密集的创新操作，并特别重视实施期限和政策配合。

以强化信贷支持（Enhanced Credit Support）政策为例，欧洲央行主要实施了以下具体举措：一是引入固定利率全额分配机制（Fixed-Rate tenders with Full Allotment，FRFA）[①]，对银行系统进行固定利率的全额匹配，自引入 FRFA 机制后，欧洲央行不断推后其结束日期；二是增加了长期再融资操作 LTROs 的期限品种，常规货币政策框架下 LTROs 的期限为 3 月期，此后又增加了 6 月期品种、1 年期品种、3 年期品种、与养护期限（Maintenance Period）相同的特殊期限品种以及定向再融资操作（TLTROs）[②]；三是扩大了合格资产抵押品范围，接受一些评级较低的资产如主权债、次级债等作为抵押品，将风险进行转移，降低金融机构再融资成本。

与美联储应对金融危机的举措类似，欧洲央行同样采取了大规模

[①] 欧洲央行宣布自 2008 年 10 月 15 日起，所有的主要再融资操作（MROs）都将采用固定利率全额分配机制，并决定将这一机制引入长期再融资操作（LTROs）。

[②] 2008 年欧洲央行进一步增加了 6 月期品种以及与养护期限（maintenance period）相同的特殊期限品种，2009 年又实施了 3 个一年期 LTROs，2011 年 12 月，推出了两轮总规模 1 亿欧元的三年期 LTROs，2014 年 6 月又推出定向再融资操作（TLTROs）。

的资产购买计划，直接购买重债国债券。其中，债券购买操作中根据购买资产范围的不同，又可以分为资产担保债券购买计划（Covered Bond Purchase Programme，CBPP）①、证券市场计划（Securities Markets Programme，SMP）②、抵押资产支持证券购买计划（Asset‐Backed Security Purchase Programme，ABSPP）③和直接货币交易（Outright Monetary Transactions，OMT）等。

在利率政策和再融资政策的基础上，欧洲央行还要配合欧盟以及国际货币基金组织等采取的救助计划，为其进行注资。涉及的机制包括欧洲金融稳定基金（European Financial Stability Fund，EFSF）、欧洲金融稳定机制（European Financial Stability Mechanism，EFSM）、欧洲稳定机制（European Stability Mechanism，ESM）和 TARGET‐2 系统等。

欧元区的17个成员国于2010年5月联合成立了欧洲金融稳定基金 EFSF④，总担保基金规模为4400亿欧元，主要目的就是为在欧债危机中不堪重负的国家提供直接的财务支持。欧洲央行一方面为这些国家和地区提供了远低于市场利率的低息贷款，另一方面通过购买债券市场债券以及向欧元区银行体系注入流动资金，维护欧元区金融市场的稳定。继 EFSF 之后，欧盟与国际货币基金组织于2011年1月又

---

① 前两轮 CBPP 分别购买了600亿及164.18亿欧元，第三轮持续至2016年10月。
② 截至2011年2月，欧洲央行从希腊、爱尔兰、葡萄牙等重债国共计购买了740亿欧元的政府债券。2011年8月，为了稳定债券市场，欧洲央行重启证券市场计划，第一周内就购进了220亿欧元的国债，主要以西班牙和意大利等重债国的政府债券为主。
③ ABSPP 与 CBPP3 同时推出，主要是欧洲央行通过直接购买 ABS 来提供流动性救助。
④ 拉脱维亚和立陶宛分别于2014年1月1日和2015年1月1日加入欧元区，其成员国扩充为19个。

成立了欧洲金融稳定机制 EFSM，这一机制的主要目的仍然是对深陷债务危机的成员国提供直接财务支持。但是，欧洲金融稳定机制和欧洲金融稳定机构都属于临时性组织，在欧盟各成员国相关法律上也一直存在合法性质疑。因此，2012年10月欧洲稳定机制正式生效，并计划在2013年取代 EFSF 和 EFSM，继续为成员国提供金融救助支持，以增强欧元区应对主权债务危机的主动防卫能力。

总的来说，金融危机后欧洲央行在十年间的货币政策发展分为三个阶段：降息抗通缩（2008年7月—2010年6月）、改善流动性扩供给（2010年6月—2014年6月）和量化宽松促发展（2014年7月—2018年12月）[①]。与危机之前相比，欧洲央行在货币政策实施方面的空间大幅受限，导致政策有效性持续下降。欧元区本身的制度安排和欧洲央行政策体系的不确定性，也在很大程度上制约了货币政策有效性，特别是财政政策与货币政策难以有效协调，更加导致了欧元区成员国之间经济复苏的差异性和长期性。

◇ 第三节　日本央行货币政策框架转型：从被动调整到主动扩张

一　日本央行在泡沫经济时代的被动型货币政策调整

20世纪八九十年代，日本的宏观经济主要经历了泡沫形成、泡沫破灭以及泡沫破灭后的通货紧缩与萧条阶段。在这段著名的"泡沫

[①] 2018年12月13日，欧洲央行（ECB）发表声明，正式结束了为对抗危机而出台的2.6万亿欧元债券购买计划，即量化宽松（QE）。

经济"时期，日本央行的货币政策也经历了紧缩与扩张的反复。并且作为外围国家，受到中心国家货币政策的影响，在货币政策目标和工具体系上不得不进行被动式的转型。

经过数十年的快速发展，日本经济在20世纪80年代达到前所未有的高度。1985年的《广场协议》促使日元兑美元大幅升值，经济空前繁荣伴随扩张型的货币政策，使得各类投机行为盛行，加速了日本股市和房地产市场泡沫的形成。1990年日本政府颁布法规对土地金融投机进行控制，戳破了已经达到顶峰的资产价格"泡沫"，加之日本央行为了控制金融风险采取了一系列的金融紧缩政策，泡沫经济开始加速崩溃，导致了严重的金融危机和经济衰退。

由于货币政策缺乏前瞻性和稳健性，并且金融自由化和日元国际化受到外部市场的剧烈冲击，日本央行在泡沫经济的各个时期都出现了明显不当的应对举措。在泡沫经济初期，日元大幅升值带来市场动荡，日本央行错误判断了当时的经济形势，出于对日元升值和经济衰退的悲观预期，连续采取降息操作①，宽松货币政策用力过猛。实体经济并不需要如此多的流动性，大量过剩的流动性只能进入房地产市场和股票市场，为泡沫膨胀提供了充足的弹药，这正是"金融空转"和"金融顺周期性"的典型表现。

在此期间，出于对通货膨胀预期的担忧，美联储和欧洲等国央行相继适度加息，对金融市场进行了一定程度的控制。但是，日本央行却并未因此改变超宽松的货币政策，2.5%的贴现率水平一直保持到1989年5月，而此时也正是日本泡沫经济即将达到顶峰之时。正如在泡沫扩张期日本央行通过超低利率政策为其加速一样，1989年5月开

---

① 1986年1月至1987年2月，日本银行连续五次降息，中央银行贴现率从5%降至2.5%，不仅为日本历史最低，也为当时世界主要国家最低政策利率。

始日本央行突然连续加息,将 2.5% 的政策利率一直上调到 6%[①]。金融政策的收缩导致股票市场和房地产市场泡沫相继破灭,金融市场风险加速传递,实体经济进而受到严重冲击,持续近五年的日本泡沫经济宣告结束。

泡沫经济破灭之后,日本经济进入长达十年的衰退期,进入 21 世纪后的十年仍不见起色,被称为"失去的二十年"[②]。为防止经济进入全面衰退,日本央行重新实施了扩张的货币政策,并试图通过放宽各种管制等来刺激金融体系,为市场注入流动性。1991 年 7 月开始,日本央行逐步下调政策利率,到 1993 年 2 月中央银行贴现率重新回到了 2.5%,直至 1995 年 9 月降至 0.5% 的水平。极度宽松的货币刺激手段到 1996 年终于产生了累积效应,当年日本的经济增长率从 1993 年的接近零增长恢复到 3.6%,是危机以来最高的增幅。

此后直到 2000 年,日本央行继续降低利率水平,直至零利率甚至负利率,并在 1998 年宣布实施 16.65 万亿日元规模的"综合经济对策",直接向市场主体提供流动性,刺激短期需求。由于金融市场过度宽松,金融机构和实体企业的不良债务问题开始恶化,并演变为新的债务危机。由此导致的直接后果是货币政策传导机制受阻,金融机构出现"惜贷",信贷市场严重萎缩。流动性不能有效传导至实体经济,中小企业陷入融资困境,增长持续乏力,宽松货币政策刺激经济复苏的效果未能持续。

---

① 1989 年 5 月至 1990 年 8 月,日本银行又连续五次加息,中央银行贴现率从 2.5% 升至 6%。日本央行还配合大藏省(财政部)的政策,要求所有商业银行大幅削减贷款,导致商业银行体系流动性突然收紧,房地产市场泡沫被刺穿。

② 对日本经济"失去的二十年"最直观的描述就是 GDP 长期停滞,1995 年日本人均 GDP 达到 4.34 万美元,是美国的 150%;然而到 2017 年日本人均 GDP 却降至 3.84 万美元,只有美国的 65%。

二 日本量化宽松的货币政策转型实践与危机后的激进扩张

如前文所述,日本泡沫经济破灭后的十年,日本央行所采取的盯住通货膨胀目标框架下的价格宽松货币政策,不仅未能实现预期的经济复苏,反而造成名义利率为负的货币环境,并导致新的债务危机和通货紧缩。再加上美国互联网经济泡沫破灭,使全球经济重新遭遇下滑冲击,对日本经济复苏可谓雪上加霜。在传统货币政策失效的情况下,日本央行不得不重新审视一直处于被动调整状态的原有政策框架,开始创新性地实施一系列非常规货币政策操作,在 2001—2006 年间推出了"正常情况下不可能达到的极端宽松措施"[①],也即主要发达经济体央行中最早实践的量化宽松措施。

日本央行的非常规货币政策特点主要包括:第一,更改货币政策的操作目标,由隔夜利率转变为经常账户余额;第二,在核心 CPI 恢复增长之前保持宽松货币政策操作;第三,扩大央行的经常账户余额和资产负债表;第四,以稳定流动性为目标,直接购买(Outright Purchase)长期政府债券,并规定长期国债购买的上限为发行纸币的余额(The Outstanding Balance of Banknotes Issued)[②]。在

---

① 原文为 Monetary easing as drastic as is unlikely to be taken under ordinary circumstances,出自日本央行议息会议 2001 年 3 月 19 日公告。

② 日本央行逐步将央行经常账户余额目标由 5 万亿日元提高至 35 万亿日元,部分月份取消上限;将每月购买的政府长期债券规模由 4000 亿日元扩大至 1.2 万亿日元,同时采用回购协议方式购买商业票据,并扩大符合抵押条件的资产证券化产品,基础资产范围由租赁应收款和应收账款以及担保债券(CBO)和贷款抵押债券(CLO),扩大到包括住房抵押贷款和房地产产生的现金流;除此之外,日本央行还在此期间采取了放松伦巴第型放贷工具(Lombard - Type Lending Facility)条件、降低官方再贴现率(the official discount rate)至 0.1%、为政府向大和银行(Resona Bank)注资提供流动性、将回购协议下到期政府证券展期以及保持央行政策更透明等措施。

此期间，央行的经常账户余额与基础货币余额分别大幅增长接近8倍和80%，各种期限的国债利率也都持续走低，流动性和利率水平进一步得到改善。2006年3月，日本央行宣布货币政策操作目标转回隔夜利率，标志着日本量化宽松政策的第一次实践正式结束。

2006年退出第一轮量化宽松政策之后，日本央行进一步加强了货币政策的主动性，宣布结束零利率政策，并由于经济形势好转而实施了短暂的收缩政策。但2008年的国际金融危机改变了日本央行的政策节奏，日本经济也未能延续2005年以来的连续增长。受金融危机和欧债危机波及，日本经济在2008年后再度陷入衰退，不仅出口受到严重影响，国内消费和投资也出现急速下滑。

日本央行重新回归到了宽松政策周期，继续实施零利率加量化宽松政策，货币政策框架经历了从宽松到全面宽松，再到质量和量化宽松货币政策（QQE）的演进转化。特别是2013年之后，在"安倍经济学"[①]的推动下，货币政策进入到"开放式、无限期"超宽松时期，形成了"2%的通胀目标+日元贬值+负利率+无限制量化宽松"的全新货币政策框架。政策措施还包括：加强央行对货币政策目标的预测以及政策承诺的可信性、增大基础货币规模、扩展上一轮的资产购置计划规模并调整所购资产特别是债券的结构、无限制购买国债等。

前后来看，与2001—2006年间第一轮量化宽松货币政策相比，2008年金融危机后，特别是2013年之后日本央行的新型货币政策更为激进。到2015年7月底，日本央行总资产规模已超过350万亿日

---

① 安倍经济学（Abenomics）是指日本首相安倍晋三2012年底上台后实施的一系列经济刺激政策，其中积极的财政政策、宽松的货币政策和结构性改革也被称为"安倍三支箭"。

元，与2008年相比增幅接近两倍，而在2001—2006年间总资产仅增长了25%。与此同时，2015年日本央行持有的政府有价证券超过300万亿日元，是2008年的4倍。其中，长期政府债券是2008年的5倍之多。日本央行的超级扩张货币政策框架一直延续到2018年，在美联储为首的多国央行开始所谓的货币政策"正常化"，并开启加息周期之后，日本央行依然没有实质性的退出量化宽松计划。

具体到新框架下的非常规货币政策工具，比较有代表性的比如，在2008年底就引入的公司融资特殊资金供给便利机制（Special Funds-Supplying Operations to Facilitate Corporate Financing）；2012年10月为降低银行信贷成本，实施的增长支持信贷工具（Growth-Supporting Funding Facility）和银行刺激信贷工具（Stimulating Bank Lending Facility）[1]等。此外，大规模的资产购买范围进一步扩大，除了长期政府债券和国库券，还包括商业票据、资产支持票据、公司债、交易型开放式指数基金以及不动产投资信托等其他金融资产，并在实施QQE期间，引入了无限期资产购买方式（Open-ended Asset Purchasing Method）。

从日本央行两轮的宽松货币政策实施效果来看，各方面指标均显示效果并不理想。首先，GDP增速未达预期，2010年之后也未见明显改善（图2-2）；其次，失业率指标虽然相对较好，但也是直到2014年才恢复到危机之前的水平（图2-3）；再次，超量化宽松和负利率政策诱导投资者将资金由债券市场转向股票市场，促进了股票市场的上涨，但是大量资金却并未传导到实体经济，更加证明货币政策传导机制出现阻滞，有效性问题仍然突出（图2-4）；最后，两轮超

---

[1] 前者总额为5.5万亿日元，后者不设上限。

宽松政策虽然短期对 CPI 有明显带动，但也未能达到盯住通货膨胀率的最终目标，且在 2015 年后 CPI 重新加速下滑，又回到了 0 区间（图 2-5）。

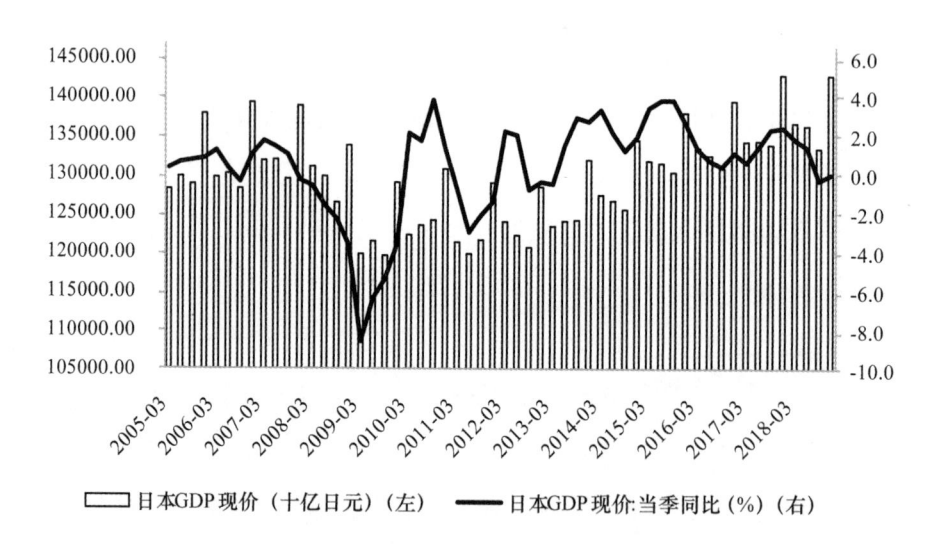

图 2-2　日本实际 GDP 季度数据及同比增速

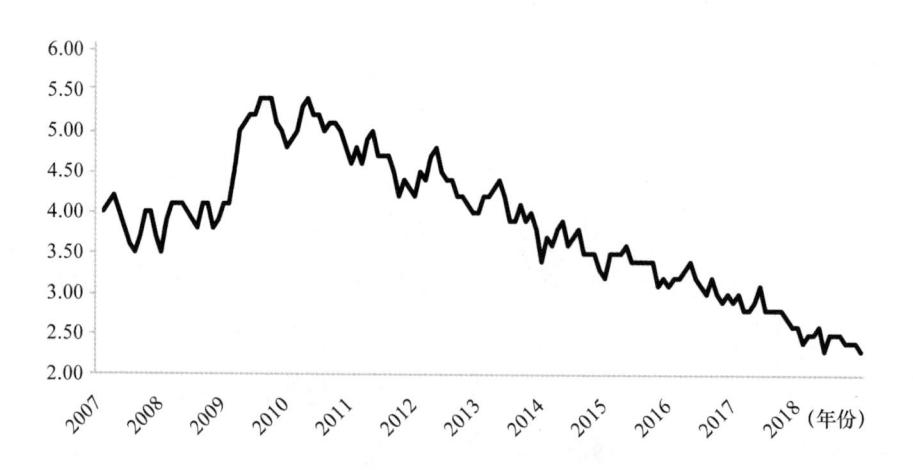

图 2-3　日本失业率变化趋势

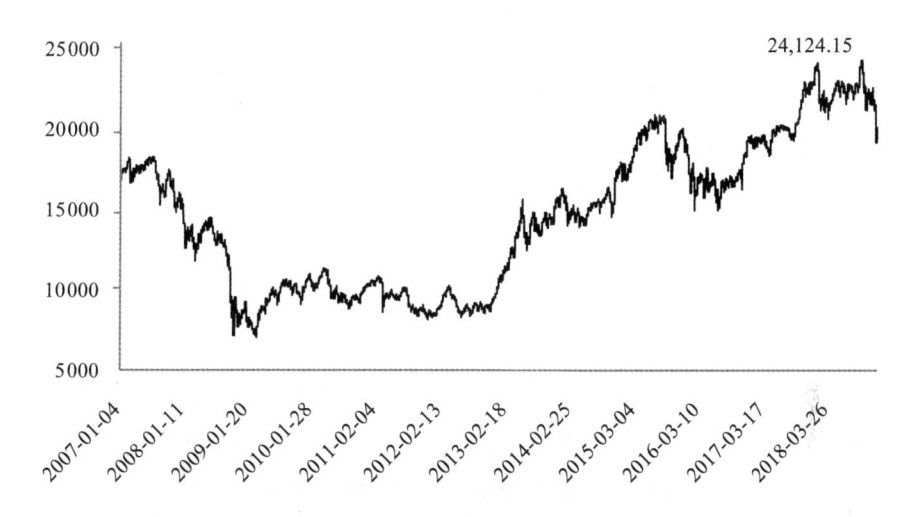

图 2-4　日本东京日经 225 指数变化趋势

图 2-5　日本 CPI 同比增速

资料来源：日本央行、Wind 数据库。

第四节 主要发达经济体货币政策框架转型特征比较与启示

总体来看，以美、欧、日为代表的西方主要发达经济体的货币政策框架经历了三个主要演变阶段。

第一阶段是20世纪80年代之前，严格意义上的以中央银行为主要调控主体的货币政策框架初步建立，各国央行（以美联储为代表）具备了充分的独立性，在凯恩斯理论的指导下将货币政策作为需求管理的宏观政策手段，以逆周期的方式调节宏观经济运行，主要关注的是短期经济波动和价格波动，货币政策具有多目标的明显特点。

第二个阶段是20世纪80年代到2008年金融危机之前，在"滞胀"危机之后，传统的需求理论失效，英、美等国普遍实施结构改革，以"里根经济学"和"撒切尔夫人改革"为主要代表。在货币政策方面，货币主义的政策主张成为主流，货币政策更加重视透明度和规则性，价格稳定成为主要目标。因此，新的理论基础和新的经济现实导致了新的政策主张的形成，一种基于规则的简洁清晰的"单一目标—单一工具"的货币政策框架成为各国央行的普遍选择，单一目标即维持价格稳定，单一工具即利率手段。在实际操作上，各国央行相继采用通货膨胀目标制，致力于实现货币政策在透明度、独立性、规则性、前瞻性和灵活性方面的协调统一。

由此，主要发达经济体的货币政策实现了从"多元目标—多元工具"到"单一目标—单一工具"框架的转变，这种转变一方面是由于宏观经济理论和货币政策理论的发展演变，另一方面也是基于西方国家在 20 世纪 80 年代之后宏观经济逐步趋于稳定、金融体系趋于相对完善的现实。从某种程度上也可以说，是稳定成熟的经济环境"选择"了稳定单一的货币政策框架。

第三个阶段是 2008 年金融危机之后，货币政策框架体系的再调整和"多目标—多工具"体系的回归与创新。2008 年金融危机导致各国央行尤其是美联储、欧洲央行等发达经济体央行的操作模式发生极大转变，各国央行在常规货币政策失效的情况下普遍实施了不同程度的非常规货币政策，这些非常规货币政策概括起来可以分为政策承诺、流动性供应和大规模资产购买三个方面。

无论是美联储、欧洲央行还是日本央行都十分重视前瞻性指引和预期管理，在经济形势发展和危机应对的不同阶段，都保持与市场和公众的紧密沟通，明确各类非常规操作的政策措施、操作目标、实施范围和具体时间，并在政策做出具体调整时及时向社会反馈，承诺政策结束和有效期限，以此来改变货币政策传导预期。而不论是美国的信贷市场流动性工具、欧洲央行的直接注资还是日本央行的固定利率共通担保基金供给等政策举措，核心途径都是为危机之中的金融机构和企业部门直接提供流动性，其中为实体经济提供充裕流动性供给尤为关键。

此外，不管是美联储 QE 还是日本央行的 QQE，以及欧洲央行的各类资产购买计划，都是非常规货币政策的最显著特征。央行对各类流动性资产的大规模购买，特别是长期资产和非政府部门金融资产的购买，在危机救助初期阶段起到了稳定经济形势和市场信心的关键作用。同时，各国央行还在危机救助期间更加紧密地开展政策协调和国际合作，如各央行之间的货币互换协议规模、资产购买规模等均有大幅增长。

但是，一系列非常规货币政策的实施，也带来了相当多的负面效应。最为突出的就是央行资产负债表的大幅扩张、基础货币的急剧增长和各类金融资产价格的快速上涨。特别是美联储的宽松货币政策由于美元世界货币的影响给全球经济造成了流动性冲击，给其他经济体特别是外围新兴经济体带来了不同程度的负面影响，也使得这些国家的货币政策实施面临更加不确定的外部制约。

各国在新的货币政策框架下，政策操作特别是非常规货币政策的实施重点均各有侧重，这主要是因为美国、欧元区和日本在危机传导的顺序和面临的问题上各不相同[①]。

次贷危机和金融危机发源于美国，因此美国是最早受到冲击的国家，美联储也是最早做出应对的央行。美联储为了及时应对流动性危机，特别是房地产市场和金融市场的流动性问题，大规模购买金融资产，目标在于第一时间维护金融市场稳定。其后又率先开启货币政策"正常化"，退出非常规货币政策机制，加息、缩表等操作不仅改变了美联储的行为预期，也给其他国家货币政策调整带来溢出效应。

欧洲央行面临的是金融危机蔓延和欧债危机的接续爆发，危机叠加的影响让欧洲央行承担更大压力，同时由于欧元区政治体制和财政金融体制的特殊性，欧洲央行在政策实施过程中面临更为复杂的制约因素。因此，一方面欧洲央行的反应被外界批评过于"迟钝"，直到2015年才开始实施较为激进的货币扩张政策；另一方面欧洲央行又要在危机叠加和不同的危机冲击方面有所权衡，早期重点是应对金融危机冲击，解决金融市场流动性问题，后期则主要处理欧元区体系内的债务危机难题，政策重心是债务资产购买。

---

① 日本是最早实施量化宽松的经济体，而美联储在危机之后实施的QE操作明显借鉴了日本在2001—2006年量化宽松的经验，参见Bernanke（2007）等人的研究。

第二章 货币政策框架转型与重构：国际经验与比较分析

与美联储和欧洲央行的反应都不相同，日本央行在危机中的货币政策操作既有延续性又有创新性，既温和又激进，既被动又主动。究其原因，是因为日本在危机之前主要面临的是通缩问题，而危机之后更多的是实体经济和金融体系协调问题。由于日本2001—2006年已实施过一轮量化宽松并且取得了一定成效，因此危机初期的反应一直相对温和，直到2013年开始实施附加前瞻性指引的QQE"质量双宽"的宽松政策以及后来的负利率政策，并且资产购买行为十分激进，但政策传导的问题仍然没有得到很好的解决。

此外，日本银行在日本泡沫经济时期，面对错综复杂的国内外经济形势，货币政策目标和手段过于单一，并且政策操作缺乏连贯性和前瞻性，只能被动地进行应对和反复调整。不仅未能阻止泡沫破灭和经济衰退，还错过了经济结构调整的最佳时机。这为我国实施"稳健"定位的多元目标货币政策体系，并进行整体性的政策框架转型提供了经验和教训。

通过分析美联储、欧洲央行和日本央行在经济危机前后货币政策框架转型和重构的原因、采取路径以及实施新的货币政策的效果，我们发现三个地区货币政策框架转型和重构的内在逻辑都是相同的，即都遵循"目标体系—工具体系—传导机制"的联动演化。货币政策框架的转型都取决于经济体系的转型[1]，经济体系的转型也直接影响到货币政策定位和目标体系的改变，并进而对工具体系和传导机制提出新的要求。

同时我们也看到，三个地区在货币政策转型和操作中又有明显区

---

[1] 美联储和欧洲央行危机救助性的货币政策框架转型具有一定的特殊性，但可以看作是经济体系转型的一个极端案例，金融危机带来的不仅是金融体系的调整，更重要的影响是对于实体经济的冲击。参见Stiglitz（2017）等。

别，特别是对于危机应对措施，以及在危机前后，货币政策转变决策的反应速度和决定效率是完全不同的。整体而言，美联储的反应速度和应对是最为迅速的，欧洲和日本都相对迟钝。越慢的反应速度，导致货币政策转型后的效果越差，同时导致危机影响越为严重。而反应速度和应对措施的效率，与中央银行的货币政策制定和监测机制息息相关。

美联储、欧洲央行和日本央行货币政策框架转型与重构的经验特点，一方面为中国的货币政策框架转型提供了基本参照和历史坐标，另一方面也进一步揭示出，中国货币政策框架转型具有不同的历史方位、时代特征和现实诉求。对于中国而言，由于中国央行在独立性方面的特点以及中国当下经济环境与发展阶段的特殊性，加之当前中国经济"新常态"阶段与传统的泡沫经济情况下的经济危机阶段明显不同。因此，中国货币政策的定位应当是要解决自身的转型问题，目标应该是通过有效的货币政策工具和传导机制，实现多重有效目标，维护金融市场稳定，最终保障和促进实体经济发展。要积极分析和借鉴美国、欧元区和日本在货币政策框架转型方面的经验，但需要强调的是，中国货币政策不能简单模仿照搬美联储或欧洲央行，后者是较为稳定的经济结构，而中国面临的主要问题是经济转型，因此不能只是在"完善工具箱"层面进行微调，而要在货币政策整体框架和体系层面转型重构。

第三章

中国货币政策框架转型：历史逻辑与特征事实

◈ 第一节 中国货币政策框架历次转型背景与操作特征

一 中国货币政策框架的发展历程概述

中国的官方文件中，在改革开放之前几乎没有出现过"货币政策"这个词。国际上的发达国家与发达经济体，货币政策多是由中央银行制定并负责实施的。但是，改革开放以前我国并没有真正地存在一个独立性的中央银行，所以说也就不存在所谓的"货币政策"。改革开放以后，我国的经济体制逐步从计划经济向市场经济转变，中央银行与其制定的货币政策的出现，也成了市场宏观调控的必要手段。因此，1984年我国正式建立了中央银行体制，货币政策这一概念也开始逐渐地为理论界与业界所接受。

中国人民银行在1984年银行体制改革后，开始专门行使中央银行职能，但还未有一个清晰的货币政策框架。1998年之前主要是通过信贷调控手段和一些辅助性的操作工具来执行货币政策。在当时，我国中央银行进行宏观调控的最终目标被界定为稳定市场物价水平、稳定货币价值以及促进经济增长，中介目标是货币供应量和贷款规模，操作目标则是对基础货币以及贷款规模进行有效控制。

从1998年开始，人民银行的货币政策从直接调控逐步转向了间接调控。此时标志性的操作为，人民银行取消了贷款规模限制，并在一定程度上扩大了公开市场操作范围。在其后的数年之中，我国中央银行货币政策中介目标和调控手段都逐步完善，经历了从关注贷款规模到货币总量再到二者兼顾的过程（戴根有，2005）。1995年通过、2003年修订的《中国人民银行法》对中国货币政策的目标进行了调整，我国中央银行货币政策的最终目标转变为"保持人民币币值稳定，并促进经济增长"。

进入21世纪后，我国的货币政策框架经历了较大的发展和变化，其主要背景包括国内和国际两方面。从国内看，中国开始进入工业化和城镇化的快速发展时期，经济增速一直保持在较高的水平。经济发展方式以出口和投资导向为主，加入世界贸易组织更是固化了这种发展模式，同时也增加了中国经济外向型发展的程度。金融改革也在逐步深化，以国有银行为代表的金融体系发生了较大的变革。从国际看，经历了1998年亚洲金融危机和2008年国际金融危机的冲击，我国货币政策面临前所未有的环境和变化。全球不平衡进一步加剧，中国外汇储备达到新的规模。国际政治经济形势复杂多变且动荡加剧，使中国和平发展局面面临新的挑战，宏观调控也面临更多的不确定性。

周小川（2013）将中国进入21世纪以来的经济发展定义为一种具有"转轨"特征的发展模式。处在经济转型期的中国，货币金融环境面临更加复杂的约束条件，经济运行体制和市场化程度有很大的独特性，因此中国人民银行的货币政策框架与发达经济体的常态化模式有所不同，货币政策定位、目标和工具也经历了不同的转变模式。

一直以来，我国货币政策的目标相对于发达经济体具有较强的多重性，从现实角度看，多重目标较为符合我国各阶段经济发展与转型程度的基本国情。很多学者和政策制定者认为，在我国中央银行体制不断完善优化的过程中，货币政策的多目标制是符合中国经济"转轨"特征的，在实践中也是最优选择（周小川，2016）。但也有学者从动态和结构视角，对中国货币政策复杂框架的问题进行了分析。例如，黄益平（2013）指出，我国的货币政策制定与实施虽然做到了在宏观上维持经济稳定。但是从时效性来看，由于多重目标使然，货币政策实施和传导过程中的滞后性十分严重，无法对经济市场变化做出及时有效的应对。李扬（2008，2013）认为中国货币政策数量型中介目标应当进行改革，向价格型的调控机制逐步开始转型是我国现行的数量型调控体制的必行之路，这种转型在价格机制不断完善的情况下变得更加迫切。

从长期来看，我国需要不断加强中央银行制定货币政策的独立性。发达国家中央银行的独立性也是在历史上随着经济形势的发展而逐渐建立起来的。与西方发达国家相比，我国中央银行体制和货币政策体系建立的时间较短，没有经历一个相对稳定的"常态"阶段，而是处于不断变化和完善之中。所以说，我国现行的货币政策框架具有很强的历史背景和现实特征，不能完全用传统的货币理论和发达国家政策框架来解释。未来货币政策的转型重构也绝非一朝一夕之功，需要在内外部冲击和各利益主体的广泛共识下不断推进。

二 中央银行体制建立和转型时期的货币政策框架

1979 年我国开始进行改革开放，由计划经济向市场经济转型的大幕正式拉开。1984 年我国正式建立中央银行体制，中国人民银行也开始从国家银行转型成为中央银行。但是从 1984 年到 1993 年间，中国人民银行更大程度上是一个名义上的国家银行，还并没有成为一个从经济政策和货币政策意义上来讲，真正行使货币政策职能、具有货币政策框架的现代中央银行。

1993 年之前，中国人民银行进行了两次重大的信贷管理体制改革。在这两次改革中，中国人民银行将信贷管理的权限进行了不同程度的放松。在这一过程中，中国人民银行对我国银行体系和信贷的直接管控力度逐步下降，但是以行政命令手段为主要特征的直接调控模式仍然是中国人民银行的主要政策框架。中国人民银行所采用的货币政策也主要以直接型的控制工具为主体，间接调控手段随着经济发展趋势也逐渐走上舞台，但更多起到的是一个辅助的作用。1993 年，我国开始了金融体制改革，1995 年制定《中国人民银行法》，这一改革进程标志着我国开始建立现代意义上的标准化的中央银行体制。

1998 年，中国人民银行开始正式实施真正意义上的货币政策，逐步取消贷款规模限制，信贷管控不再是人民银行主要的操作目标和监测指标，货币政策框架开始由直接管控向间接调控转变。中国人民银行通过间接型的货币政策工具，包括公开市场操作、准备金率、再贴现和再贷款等，履行中央银行的基本宏观调控职能，以实现稳定市场物价、控制人民币价格、促进经济又好又快增长的主要目标。

与此同时，中央银行的职能体系处于逐步完善之中，信贷管控仍然是人民银行的一个重要的政策工具。在不能有效控制信贷规模的情况下，人民银行则会通过窗口指导来进行信贷调节。在此期间，由于市场化的利率体系还未建立，与价格双轨制类似，利率双轨制也是当时货币政策框架的一个重要特征。而由于各种利率受到严格管制，数量型的调控机制占据主导地位。

从 2005 年开始，人民币汇率形成机制改革促进了利率市场化进程的加快，数量型货币政策调控框架越发不能适应新的内外部经济形势的发展需求，价格型调控的进程明显加快。中国人民银行也开始逐步建立符合市场机制的价格型货币政策工具体系，以货币供应量作为中介目标的数量型调控为主，采取适当的价格型手段为辅，是 2005—2010 年间我国货币政策框架的主要特征。

三 "新常态"阶段的稳健货币政策框架及其操作特点

2010 年以来，人民币币值总体上保持稳定，货币政策在防通胀方面表现出较好的成效。同时，外部均衡方面人民币汇率也基本保持稳定，如图 3-1 所示，2005 年汇改以来，人民币基本保持小幅升值趋势，名义有效汇率和实际有效汇率兑美元升值了 20% 左右，一直到 2009 年维持在一个稳定状态。2009 年至 2018 年，美元对人民币汇率基本在 6—7 区间内浮动。人民币币值在内外部均衡下保持了相对稳定，并由此促进了经济增长，基本实现了中国人民银行法要求的货币政策最终目标。

在此期间，M2 依然作为货币政策的中间目标，成为货币政策框架的主要监测和操作模式。但由于数量型指标与实体经济指标之间的关系越来越弱化，央行在 2012 年引入了另一个关键性的参考指标，

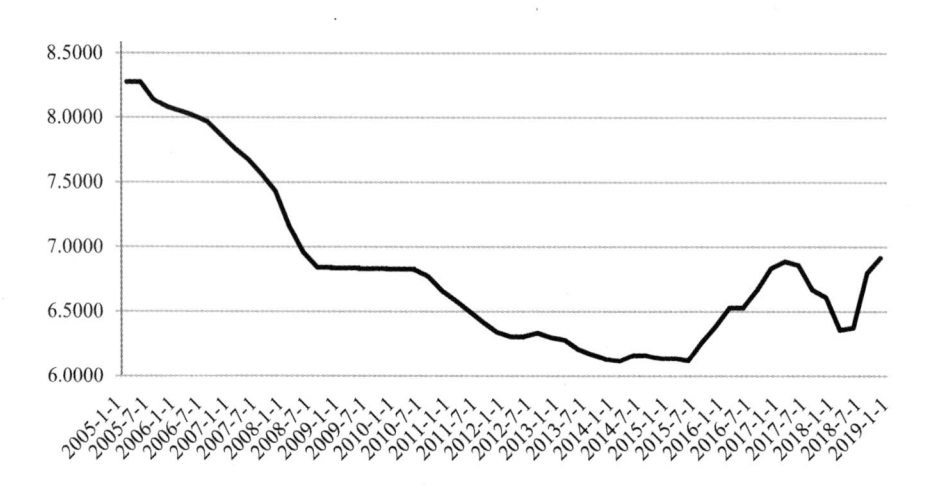

图 3-1 2005 年汇改以来人民币汇率变化趋势

资料来源：国家统计局、Wind 数据库。

即社会融资规模，包括了贷款、股票、债券、信托等，衡量金融部门向实体经济提供的融资流动性。如图 3-2 所示，2009 年 7 月到 2011 年 7 月的两年内，M2 和人民币贷款经历了快速的下跌，反映出货币投放明显收紧，实体经济流动性不足，此后从 2013 年开始人民币贷款和 M2 指标逐渐分化，贷款增速一直高于 M2 增速，很大程度上反映出 M2 作为数量型指标与实体经济之间的关系弱化，而社会融资规模指标更能够反映出实体经济流动性的需求情况。

2010 年之后，金融危机的影响逐渐弱化，全球货币转向宽松导致的通胀预期逐渐上升，我国四万亿投资刺激计划也给价格水平带来潜在压力。中国人民银行的货币政策定位，由危机时期的宽松重新转变为原来的稳健型政策框架。这期间货币政策最终目标选择上明显偏向物价稳定，使用连续提升法定准备金率和加息等工具，货币政策为稳健略紧缩状态。

图 3-2　M2、社会融资规模和人民币贷款同比增速变化趋势

资料来源：国家统计局、Wind 数据库。

2012 年全球经济增长显著放缓，美国经济增长动力有所减弱，美国"财政悬崖"的不确定性继续给美国和全球经济带来风险。欧元区主权债务危机继续恶化，经济下行风险大幅上升。其成员国经济体被财政整顿周期所困，极度宽松的货币政策状态使得宏观政策空间被进一步压缩。我国经济增速出现较为明显回落，GDP 增速跌破 8%，CPI 也回到了 3% 以下。因此，人民银行较多关注经济增长目标，在外部环境不确定背景下，选择使用降准降息的传统操作工具，在此期间货币政策为稳健略宽松状态。

2013 年我国的经济增速和物价水平均处于政府设定的目标区间之中，金融危机之后的宽松政策给金融稳定带来了较大挑战，特别是地方政府融资平台非标融资表现出了野蛮生长迹象。人民银行在常规的四个年度货币政策目标均处在正常区间之际，加强了对金融稳定隐性目标的关注。2013年的两次"钱荒"是对市场乱象的警告，人民银行货币政策也较为清晰地显示出对于四个年度目标的中性态度，并未使用准备金率和基准利率操作工具，因此可以认为在此期间货币政策为稳健中性状态。随着利率市场化推进，人民银行开始初步提高政策利率和使用创新性政策工具应对金融稳定和结构调整的目标。

2014年全球经济仍处于深刻的再平衡调整期，总体温和复苏，但经济增长的动力依然不足。美、欧、日等发达经济体的经济增长情况均不及市场预期，但美国失业率指标开始改善。新兴市场经济体增长普遍放缓，部分国家遭遇金融市场动荡。面对全球经济增长动力不足，国内经济处于"三期叠加"（前期政策消化期、结构调整阵痛期、增速换挡期）的复杂状态之中，中国经济进入"新常态"的特征也更趋明显。人民银行因此将稳定经济增长作为首要目标，实施稳健略宽松的货币政策，通过连续降准降息来对冲经济下行风险。

2015年除了要应对经济下行潜在风险之外，还要解决经济增长和国际收支平衡之间的矛盾，以及外汇占款大幅收缩的压力。人民银行继续较多关注经济增长目标，在国际收支流出压力和结构调整中的经济增长下行压力之间，依然选择使用降准降息操作工具。在常规货币政策方面，五次下调人民币存贷款基准利率，九次引导公开市场逆回购操作利率下行；在结构性货币政策方面，下调信贷政策支持再贷款、中期借贷便利和抵押补充贷款利率，实施定向降准等；推进市场化改革，放开了存款利率浮动上限，推出了存款保险制度，以大幅度的改革举措，配合积极货币政策实施。

2016年中国货币政策表现出较为明显的稳健灵活适度特征，即人民银行并没有完全将某一个货币政策目标列为关注重点，而是短时间内同时关注几个目标，视情况调整货币政策执行方向。特别是配合供给侧结构性改革，加强预调微调，在此时期金融稳定也是人民银行关注的首要目标之一。人民银行从2016年第四季度开始在公开市场进行"削峰填谷"和"缩短放长"，主要目的是针对市场机构流动性和债市久期错配杠杆严重等金融市场乱象。将更广泛的金融资产、金融机构、金融市场纳入宏观审慎管理，防范系统性风险是大势所趋。官方外汇储备的快速下行，也使得国际收支平衡成为另外一个重要目标。

2017年到2018年这一时期我国货币政策的基本特点是，经济增长和通货膨胀都处在目标区间之内，人民银行较多关注国际收支和金融稳定目标，货币政策在稳增长、调结构、促改革、去杠杆和防风险之间进行多目标平衡，同时积极构建货币政策和宏观审慎政策"双支柱"调控框架。人民银行未使用准备金率和基准利率等常规工具，公开市场操作采取紧缩短端流动性，随后跟随市场利率上调政策利率，同时积极推进普惠金融和市场化改革，非常规货币政策工具有常规化使用趋势。

2018年以来，人民银行不再提"稳健中性"，明确了"稳健"的货币政策总体定位，按照"稳中求进"的经济工作方法论和总基调，积极应对国内外更加复杂多变的宏观经济环境，特别强调金融要服务于实体经济。重点在缓解流动性约束、疏通货币政策传导渠道，加大对民营和小微企业的支持力度。结构性货币政策也更加灵活求变，以MLF（包括TMLF）为代表的定向操作日趋主流化，利率市场化和人民币汇率形成机制方面的改革也更加深入。一个新常态新阶段下的"新稳健"货币政策框架正在逐渐完善。

◈ 第二节 全球货币政策有效性下降趋势及原因分析

一 货币政策有效性下降的表现——以美国为例

2008年金融危机发生后，美国传统的货币政策并没有遏制经济衰退的趋势，而量化宽松政策首先从信用渠道对传统货币政策进行了强有力的补充，帮助传统的货币政策达到其稳定金融市场和补充流动性的目标。

与其他各国中央银行相比，美联储在危机应对方面积累了相对更为丰富的经验。当次贷危机爆发时，传统的货币政策失效，美联储最先开始实施了量化宽松政策。政策开始之后，民众感受到了美联储强烈的救市信号。这种信号机制有效地提高了投资者的信心，为疲软的经济市场注入了活力。由此我们可以看出，在经济危机发生之时，国家中央银行在政策承诺方面对于公众的可信性是至关重要的。民众对中央银行政策制定有信心的情况下，才会根据中央银行的货币政策重拾对市场的信心。因此，美联储在危机开始时，有针对性地制定实施的量化宽松政策取得了一定程度上的预期效果（Bernanke，2010）。

美联储通过各种非常规的宽松型货币政策增加了经济市场中的货币供给量。而对于普通民众，他们所拥有的不同种类的资产之间具有较强的可替代性，美联储增加货币供应，就使得民众有欲望将自己手中的现金资产转化为其他类型的资产。这种资产购买欲望在一定程度上促进了消费需求,并为经济复苏提供了微观基础,托宾所提出的Q理论正是支持了这一逻辑。

同时,美联储应对次贷危机的过程中先后采用了降低再贴现率、降低基准利率、降低融资成本等工具,并且由央行自己大量购买债券资产。美联储早期的一系列救市举措有效地刺激了市场中的流动性,为及时稳定市场情绪、避免危机进一步蔓延起到了正面作用。但是从数据来看,这些政策对于实体经济复苏的促进作用存在时滞,对于总需求的拉动作用有限,在结构上也存在冲突。

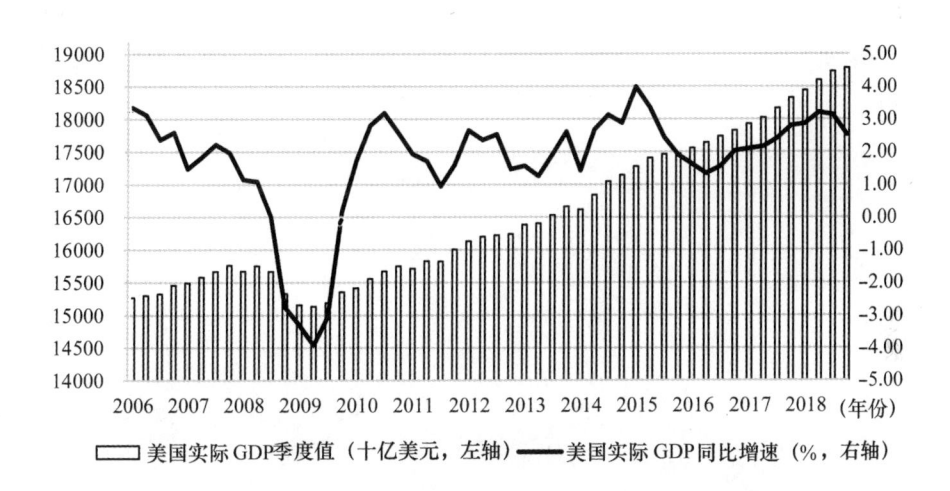

图 3-3 美国实际 GDP 季度同比增速

资料来源:Wind 数据库。

如图3-3所示,2007年至2009年间,美国实际GDP季度同比增速整体上处于下降趋势,甚至在2008年底到2009年底,GDP季度同比增速已经变为负值。美国经济态势从2010年开始出现好转,负增长局面得到有效遏制,但整体经济水平并未完全恢复,随后GDP季度同比增速在2%左右浮动。从表面上看,美国经济在这一阶段已经获得了较为良好的恢复。但事实上，这一阶段美国之所以能够实现 GDP 的恢复增长，主要因素中有一大部分是页岩油革命的利好影响。所以在此期间剔除外部因素后，美联储的货币政策的收效并没有看起来那么显著。

从图 3-4 我们还可以看出，美国失业率水平从 2007 年开始快速上升，并在 2009 年达到最高值，从 2010 年开始缓慢下降。整体来看，美国的失业率在危机前后的几年间一直都处于较高水平。由此可见，美联储实施的货币政策在促进就业目标方面也收效甚微。其原因一方面可能在于货币政策传导机制不畅，实体经济流动性依然紧张；另一方面在于货币政策的时效性有所滞后，在 2010 年开始才发挥效果。

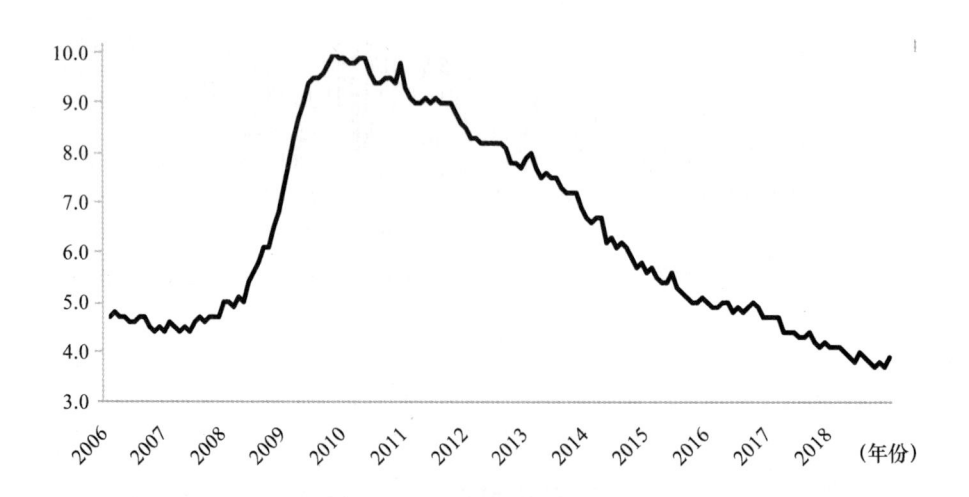

图 3-4　美国失业率变化情况

资料来源：Wind 数据库。

图 3-5 进一步展示了美国 2006 至 2018 年的 CPI 数据变化情

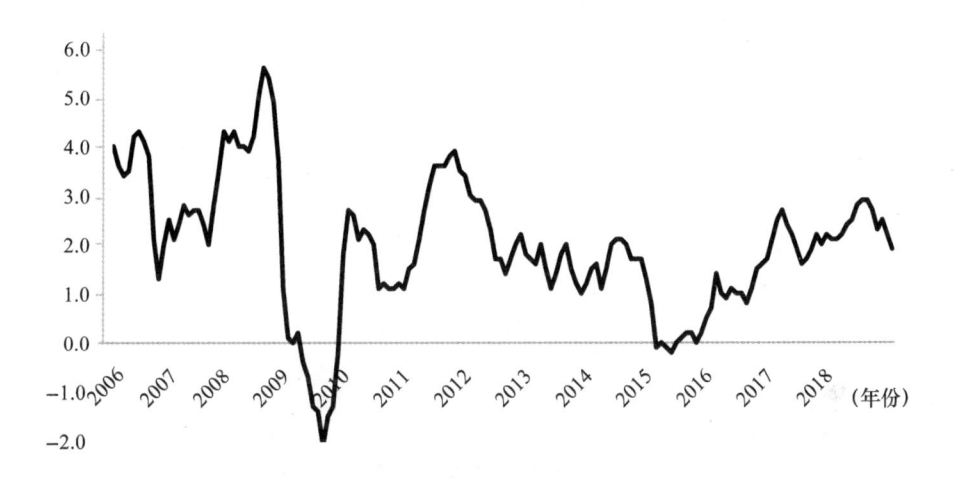

图 3-5 美国 CPI 变化情况

资料来源：Wind 数据库。

况，可以看出，美国 CPI 在 2009 年初快速跌至最低点，随后出现好转，但仍处在很不稳定的波动状态，且整体处于下降趋势。到 2015 年，美国的 CPI 指数再一次出现了负值。

从图 3-6 我们还可以看到，2007 年到 2012 年间美国房地产价格指数呈下滑趋势，2007—2009 年尤为明显，并在 2012 年触底，达到最低点，而后波动性地上升并有所企稳。由此可见美联储货币政策对于商品消费的刺激作用也十分有限。

综上所述，美联储在次贷危机发生之后，制定并实施了一系列常规与非常规的货币政策。通过积极救市和强力刺激，美国的整体宏观经济得到了一定程度的复苏，次贷危机所带来的风险基本得到控制，经济负增长局面有所好转。但是，实际情况并没有表面的那么乐观。当我们将偶发性的页岩油革命对美国经济的影响剔除在外之后，美联储货币政策的有效性就大打折扣。美国经济整体 GDP 增速并未完全

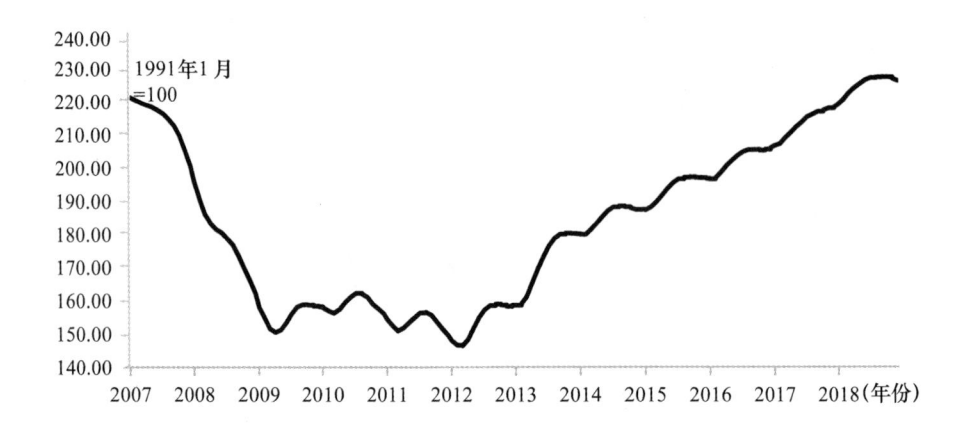

图 3-6　美国房地产价格指数变化趋势

资料来源：Wind 数据库。

恢复，失业率也持续在高位运行，CPI 指数动荡，这些数据都表明了在传统货币政策失效的情况下，美联储所采用的非传统货币政策的有效性也并未完全达到预期。此外，本书在第二章梳理欧洲央行和日本央行危机之后货币政策框架转型中，也对其货币政策有效性下降的表现进行了分析，在此不再赘述。

二　危机之后全球货币政策有效性下降的原因和机理

2008 年前后以及后危机时代，美国、欧元区、日本等发达经济体的货币政策有效性持续下降，这引起了宏观经济学界对于货币政策有效性问题的关注。相关研究主要还是从金融中介和金融摩擦的角度，分析货币政策传导的问题。

概括起来，金融危机后导致全球货币政策有效性下降的原因大致可以归纳为三个主要方面：一是全球经济环境，特别是金融市场的变化。金融危机之后全球金融市场遭遇"金字塔"形抵押品市场崩溃和安全资产短缺状态。一方面,"金字塔"形抵押品市场崩溃通过抵押品陷阱（collateral trap）导致流动性创造渠道阻塞；另一方面,全球金融市场安全资产短缺陷阱（safety trap）导致风险资产价值和投资者财富过度缩水。二是原有货币政策传导渠道机制出现阻滞。由于信贷陷阱（credit trap）和流动性陷阱（liquidity trap）的存在,导致流动性由金融市场向实体经济传导受阻。三是金融危机下,包括金融机构、厂商和家庭在内的经济主体行为发生变异。金融机构变得保守,风险承担（risk taking）行为也更加谨慎；厂商投资意愿下降导致经济陷入不确定陷阱（uncertainty trap）。图3-7对这种机制和逻辑进行了描述,正是由于危机后几大陷阱的存在,导致实体经济迟迟无法复苏,从而体现为货币政策有效性下降。

2008年金融危机造成的破坏之所以如此严重,很重要的一个原因在于,全球金融市场崩溃导致财富严重缩水。由于面临重重困难,金融市场在危机之后难以迅速恢复与重建。后危机时代金融市场面临的两大问题是全球"金字塔"形抵押品市场崩溃和"安全资产"短缺所导致的资产荒。

在全球流动性过剩背景下,国际资本市场对"安全资产"的旺盛需求,推动以资产证券化为代表的金融创新在欧美国家迅猛发展（于春海,2014）。在证券化资产链条中,上层衍生品以下层衍生品的现金流为抵押,形成了"金字塔"形（collateral pyramid）的资产结构。通过层层抵押和证券化,规模巨大的金融资产被创造出来,构成居民持有财富的重要形式。

从结构上分析,资产金字塔的总规模取决于三方面的主要因素：一是底层外部抵押品的规模,二是金融市场上内部抵押品的"可抵

```
                      ┌──────────┐
                      │ 中央银行 │
                      └────┬─────┘
1. 抵押品陷阱  ⎫            │
   (collateral trap)  ⎬ 全球金融
                      ⎬ 市场变异
2. 安全陷阱    ⎭            │
   (safety trap)       ┌────┴─────┐
                       │ 金融机构 │       ⎫ 3. 信贷陷阱
                       └────┬─────┘       ⎬    (credit trap)
                            │             ⎬
                       金融条件传导        ⎬
                       渠道阻塞            ⎬ 4. 流动性陷阱
                            │             ⎭    (liquidity trap)
                       ┌────┴─────┐
                       │ 实体经济 │
                       └──────────┘
             5. 金融机构行为变异    6. 企业行为变异
                                      不确定陷阱(uncertainty trap)
```

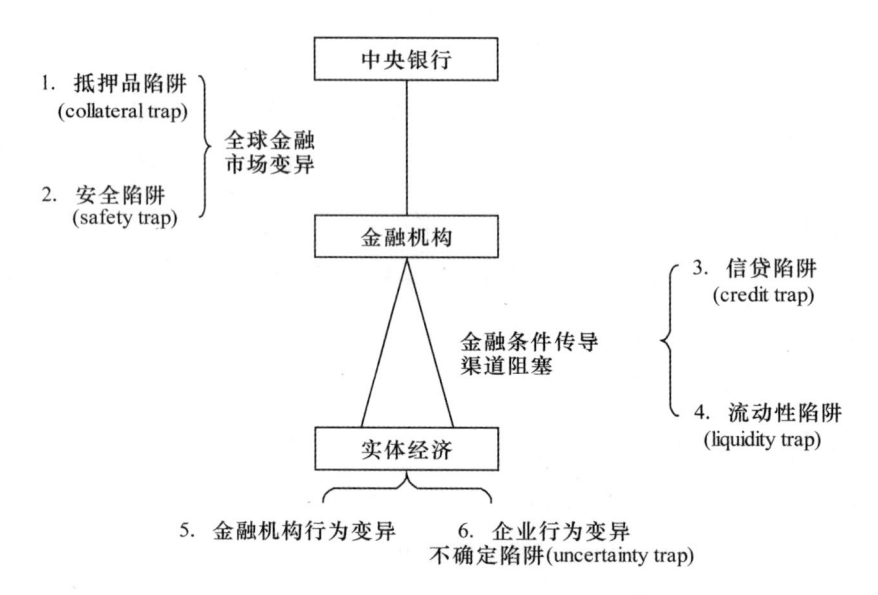

图 3-7　导致货币政策有效性下降的机理

资料来源：根据相关文献整理形成。

性"，三是金融市场的透明程度（Boissay，Cooper，2014）。资产金字塔规模与外部抵押品规模之间存在着"乘数"关系，外部抵押品供给增加可以带动金融资产总量更大规模的扩张。中央银行向银行间市场注入外部抵押品之后，金融机构可以以此发行衍生资产，通过层层抵押形成一个完整的抵押品资产链条。资产供给"乘数"的大小与外部抵押品收益率、内部抵押品的"可抵押性"以及金融机构效率成正比，与金融市场融资成本和金融欺诈收益成反比。

根据"抵押品陷阱"理论，抵押品可以区分为内部抵押品和外部抵押品（inside and outside collateral）。其中外部抵押品主要是指中央银行向银行间市场提供的抵押品，例如通过回购协议向市场注入的国债等；内部抵押品主要是指金融机构自身发行的资产，如商业票据等。内部抵押品本身是由金融市场通过资产证券化创造出来的资产,同时又是进一步进行证券化的抵押品。与外部抵押品不同,内部抵押品的价值具有内生性,受金融市场状况影响较大。

金融危机爆发之后,随着金融资产盈利性下降以及风险上升,内部抵押品的价值及其"可抵押性"急剧下降,致使抵押品市场崩溃,见图3-8[①]。抵押品市场崩溃不仅导致投资者金融财富大幅缩水,引发有效需求不足;而且还使得银行间市场流动性枯竭,扩张性货币政策在金融市场无法传导。中央银行即便向金融市场注入资金,金融机构也不愿扩大相互借贷,扩张性货币政策"失效"。如果金融资产的盈利性及其作为内部抵押品的"可抵押性"迟迟无法恢复,整个经济将长期处于"抵押品陷阱"状态。

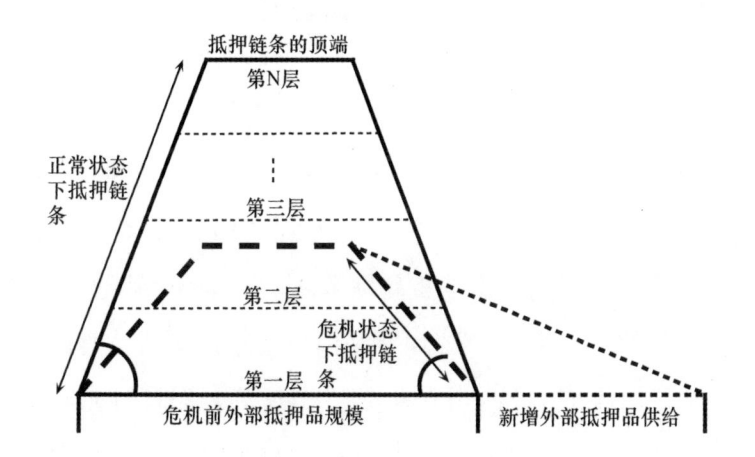

图3-8 危机前后"金字塔"形资产链条对比

资料来源:根据相关文献整理形成。

[①] 在图3-8中,实线梯形表示危机之前的"金字塔"形金融市场规模;粗虚线梯形表示危机之后缩水的金融市场规模。

在证券化资产"金字塔"的形成过程中，虽然每一层资产均是具有抵押品的安全资产，但是这些可以规避异质性风险的安全资产，结果却将整个经济体系暴露在系统性风险中。货币政策有效性的恢复和宏观经济的复苏依赖于金融市场的恢复与重建。在内部资产的盈利性和"可抵押性"恢复之前，一个可能的方式是需要向金融市场注入更多的外部抵押品。通过扩大外部抵押品的规模弥补因内部抵押品"可抵押性"下降对资产供给乘数的影响。

危机之后，金融市场的又一典型特征是安全资产短缺。Caballero, Farhi（2016）指出，当安全资产供给短缺时，经济体可能会陷入"安全资产陷阱"（safety trap）和经济衰退。与传统的流动性陷阱理论仅指经济体触及零利率下限不同，安全资产陷阱理论还强调在经济体触及零利率下限后，私人部门丧失通过资产证券化发行安全资产的能力。

从私人部门角度看，金融危机之后货币政策"失效"的原因，在于私人部门安全资产供给不足，整个经济陷于"安全资产陷阱"之中。因此，政府应该通过发行债券的形式向市场注入足够的安全资产，帮助货币政策和金融市场重新恢复功能。金融市场上风险厌恶的投资者所持有的"安全资产"通常是由风险中性者所持有的风险资产经过证券化之后生成的[①]，当安全资产收益率为正数时，安全资产供应下降将导致安全资产收益率下降和风险溢价上升，这将促使收入从风险厌恶者向风险中性者转移。安全资产的价格机制可以使安全资产需求下降，安全资产市场重获均衡。但是当安全资产利率达到零下限之后，安全利率下降对收入的再分配机制就会失效。安全资产市场均

---

① 金融市场上假定存在风险中性投资者和风险厌恶投资者。

衡只能通过由产出下降所导致的安全资产需求下降来实现。正如以下方程所描述的机制：

总需求方程：$y - \bar{y} = -\delta(r - \bar{r}) - \delta_s(r^s - \bar{r}^s)$

均衡安全资产理论方程：$r^s = \text{Max}(\widehat{r^s} + \varphi(y - \bar{y}), 0)$

安全资产市场均衡：$s = \psi_y y + \psi_s r^s$

将利率区分为安全资产利率和风险资产利率，总需求的影响因素实际上是安全资产利率。安全资产供给不足导致安全资产利率触及零利率下限，金融市场风险溢价放大，货币当局的政策无法通过金融市场传导到实体经济，宏观经济由此陷入总需求不足导致的产能过剩和通货紧缩。

◇ 第三节 "新常态"下中国经济结构调整与货币政策有效性下降：特征性事实

一 "新常态"下中国经济结构的调整和转型冲击

改革开放以来，中国经济经历了一系列重大的结构调整和转型升级。特别是 2001 年加入世界贸易组织之后，中国积极融入世界经济体系，外向型经济的特征日益明显，中国经济增长模式逐步确立为"出口—投资"导向性模式。2008 年金融危机在席卷全球的同时也给中国经济造成巨大冲击，最为显著的影响就是外需冲击造成出口大幅下滑。为保持总需求稳定，政府直接出手刺激投资成为唯一选择，结构转型的目标不得不短期让位于"稳增长"目标。

实际上，从 2007 年开始，中国在转型背景下的经济增长一直呈放缓趋势，稳增长的压力从来都未曾消失。而2009年的"四万亿"刺激计划虽然在短期拉动了投资并稳定了经济增速，却也带来了一系列副作用，主要表现就是"出口—投资"驱动模式变为了"信贷—投资"驱动模式。这导致企业债务激增、银行风险加大、宏观杠杆率上升，我国经济面临"债务—通缩"陷阱的巨大风险。

经济增速下滑加上"信贷—投资"驱动模式的进一步升级，给财政体系特别是地方财政带来了一系列负面冲击。第一，经济增速下降造成财政收入增速下降，局部区域甚至出现断崖式下降；第二，作为地方政府重要收入来源的土地出让金收入，也在房地产市场调整下大幅下降；第三，财税体制改革压缩了地方政府的收入增长空间，营改增税制改革之后，地方财政收入税源进一步降低。随着地方政府债务偿还高峰的临近，一些地方政府财政困局风险可能会激增（刘元春，2015）。

2008年之后，中国的非金融企业同样也出现了杠杆率快速上升的现象，面临不断增加的财务负担压力。根据《中国国家资产负债表2015》中的数据，中国非金融企业的债务量在近十年中大幅上升。2007年我国非金融企业债务量仅为30.8万亿元，到2014年已达到了73.8万亿元，是七年前的2.4倍。企业杠杆率也从2007年的97%飙升到了2014年的123%。而相关数据显示，日本作为企业杠杆率最高的发达国家，最高也仅在101%；其他金砖国家也均未超过50%[①]。在企业杠杆率过高的情况下，如果出现"杠杆率硬着陆"的情况，极易产生系统性风险。根据金融加速器理论，杠杆率对于实体经济周期

---

① 根据麦肯锡在2015年的报告显示，发达国家美、德、日的企业杠杆率分别为67%、54%、101%；金砖国家其他四国俄罗斯、印度、南非和巴西的企业杠杆率则分别为40%、45%、49%和38%。中国企业负债率远高于国际平均水平。

而言，具有"加速器"的作用，如果在市场波动期间去杠杆的方式不当，会造成波动加剧，引发更严重的市场风险（Jorda, Schularick, Taylor, 2011）。

与此同时，转型期经济结构调整的另一个重要表现是资本与劳动的替代关系发生不可逆的变化。经济转型迫切需要新动能、新产业和新增长点，需要更高质量的发展框架作为基础。技术进步和产业升级是经济转型的必要条件，也是全球发展的趋势。因此，智能化的产业升级使得资本获得的报酬提升，劳动需求的下降使得劳动获得报酬相对下降，资本和劳动之间的收入分布比例分化加大，劳动力市场结构也因此调整，"无就业增长""无就业型复苏"等问题成为危机之后各国经济恢复过程中的一个显著特征。

对中国而言，一方面是人口红利不断减少，劳动人口数量和占比呈下降趋势（图 3-9），这不仅反映出人口结构的基本特征，也同步于产业结构调整的趋势；另一方面是高质量发展要求传统制造业进行升级换代，互联网和信息技术的发展改变了原有的生产组织形态和消费形态，电子货币和移动支付的快速普及也改变了经济体系的货币运转结构。这些都对传统的货币政策实施和传导机制提出前所未有的新要求，需要我们结合"新常态"下经济转型的大背景，从货币政策的操作理念层面进行反思和调整。

过去十年，中国经济最显著的现象是经济增速持续回落伴随宏观杠杆率的持续攀升，这两个宏观指标的一降一升反映出经济下行压力和债务累积压力双重叠加，"债务—通缩"循环风险逐步显化。但我们在看到这种总量指标的同时，也一定要关注结构层面的变化。一方面，增长速度下滑的背后是经济结构的调整和转型升级，新旧动能加速转换，供给侧结构性改革深入推进，长期来看这是经济发展质量的

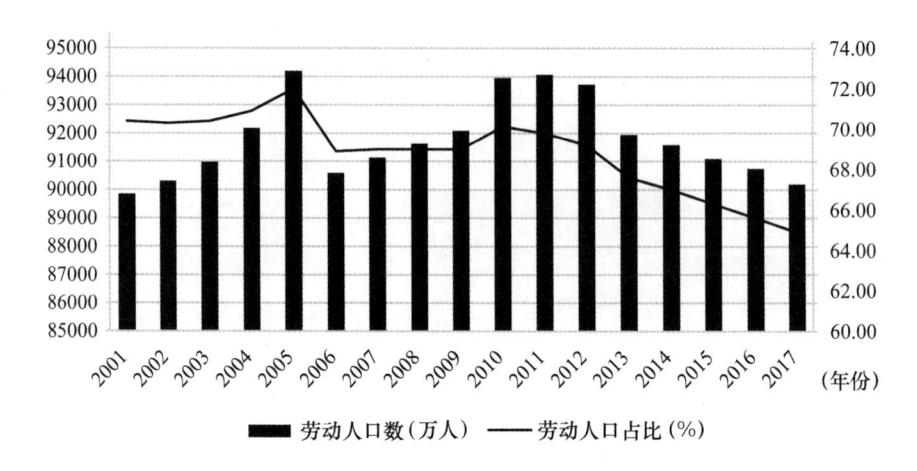

图 3-9 中国劳动年龄人口和占比趋势

资料来源：国家统计局、Wind 数据库。

提升；另一方面，杠杆率的提升对于经济增长具有非线性和异质性，可以通过总量上"稳杠杆"、结构上"去杠杆"、效率上"优杠杆"来应对，这也反映出杠杆质量对于杠杆速度的替代。

因此，在新常态阶段，中国经济"新常态"的特征及其背后逻辑并非只是由高速增长向中高速增长转变，而是高速增长向高质量发展跨越。由"增长"看"增长"未免会遗漏中国经济当前和今后一段时期的关键要素，而由"增长"到"发展"其内在就包含了从"速度"到"质量"的变化逻辑以及从"总量"到"结构"的变化逻辑，这正是供给侧结构性改革的逻辑基础，也是货币政策转型的现实基础。

二 转型期的货币政策有效性下降若干特征

与我国经济结构转型同步的是，货币政策操作框架也处在转型期。最为明显的特征就是，数量型操作框架和价格型操作框架重叠，并且都在发挥作用。在此过程中，货币政策有效性不可避免地出现了下降的趋势，主要原因包括：第一，在数量型工具向价格型工具转型过程中，中央银行对货币市场的调控能力尚不成熟，主要反映在中介体系和利率体系还未完全建立起来；第二，货币市场中的刚性兑付现象，导致无风险利率一直处于较高水平；第三，资金会倾向于从传统的债券产品，流向高收益高风险的理财产品市场；第四，软约束预算现象的长期存在，导致对价格并不敏感的部门占用了过多的信贷比例；第五，金融创新在加剧市场波动的同时，削弱了传统货币政策的作用；第六，影子银行规模增长迅速，范围涉及银行、证券、资产管理、信托、保险等金融市场的各个部门，给货币政策实施带来新的冲击（Chen, Ren & Zha, 2018）。

正是由于监管部门、金融市场和金融机构等存在上述问题，导致数量型的货币政策工具与实体经济的相关性不断下降，而价格型工具又不能很好地调节市场利率，央行释放的流动性不能有效地传递到实体经济部门，资金在金融部门"空转"，导致债务水平、房地产价格和资产价格快速升高，实体经济特别是中小企业融资难、融资贵的问题长久不能得到解决。

如图3-10和图3-11所示，2011年以来，我国GDP和制造业投资均呈下降趋势，且制造业投资增速下降趋势明显快于GDP增速下降趋势，直到2018年这一状况才出现转变，制造业投资增速开始重拾上升态势。而我国民间投资从2008年开始已经连续十年同比增速下降，这与货币政策和信贷机制的传导不畅显著相关。

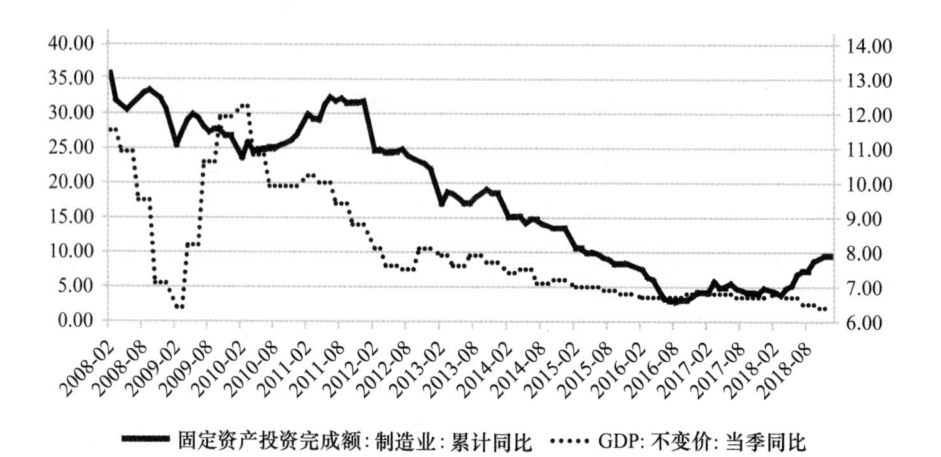

图 3-10　我国 GDP 和制造业投资同比增速

资料来源：国家统计局、Wind 数据库。

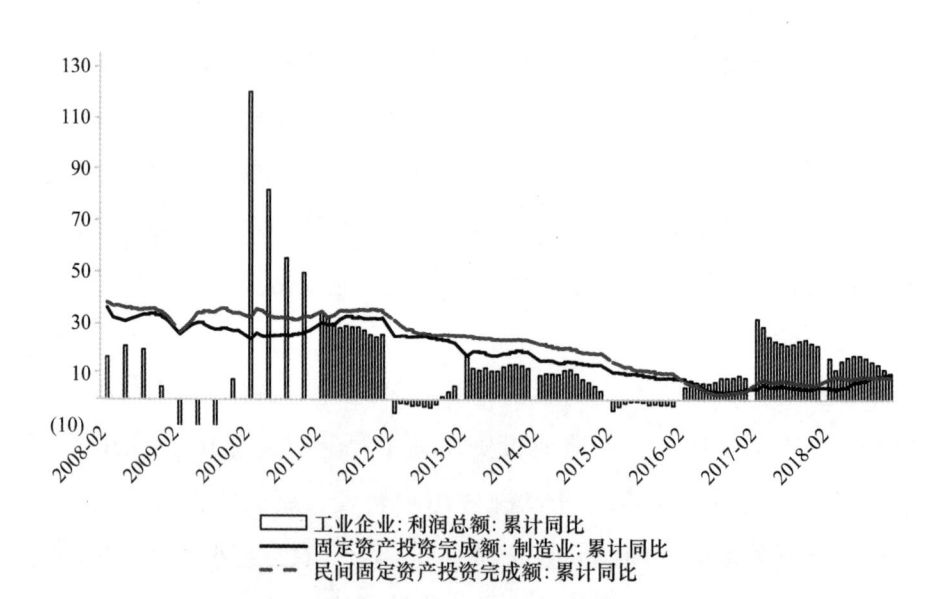

图 3-11　我国工业企业利润、制造业投资和民间投资同比增速

资料来源：国家统计局、Wind 数据库。

第四节 中国货币政策有效性下降的实证检验

针对中国货币政策有效性下降的问题,我们建立向量自回归(VAR)和结构向量自回归(SVAR)模型来描述各经济变量之间的动态联系。按照如下安排展开:第一部分介绍了样本与变量指标的选择以及数据的处理方法;第二部分对数据进行相关检验;第三部分构建 VAR 模型进行检验;第四部分进一步构建 SVAR 模型进行识别和分析,并进行脉冲响应函数和方差分解分析;第五部分对实证结果进行总结和对比分析。

一 指标选择与数据

为了论证货币政策有效性下降,同时考虑数据的可得性和可靠性,我们选取 2002—2009 年和 2010—2017 年两个区间对比进行论证。2010 年是中国经济发展的一个关键节点。受到 2008 年金融危机的影响,全球经济进入下行阶段。而此时中国经济的对外依存度还比较高,经济增长受到巨大冲击,经济增速从 2007 年的 14.2%下降至 2009 年的 9.4%。而随着"四万亿"投资计划的实施,大量由政府主导的投资活动进入实体经济,也带来了我国经济的强势反弹,2010 年 GDP 增速再次站上两位数,达到 10.6%。但是至此之后,中国经济进入调整转型的重要时期,经济增速由 2010 年的 10.6%一路下滑至 2017 年的 6.7%。伴随经济增速下滑,中国的货币政策也进行着深度调整。后"四万亿"时代,中国的货币供应构成也越来越复杂,委外、信托等影子银行的快速崛起造成了货币供应量和结构的快速转变。

基于此，本书以 2010 年为节点，选取 2002—2009 年和 2010—2017 年两个时间区间，选取 GDP 增长率（GDP）、数量型货币政策工具（M1、M2）、价格型货币政策工具（7 天银行间质押回购利率 R）、价格指标（CPI）等相关指标，对转型阶段的货币政策有效性进行对比分析。相关数据均来自于国家统计局和 Wind 数据库，GDP 月度数据由季度数据经插值法处理得到。除了虚拟变量之外，其他数据均取对数。

在本书界定的转型期过程中，我国的货币政策框架经历了"换锚"转型。即由货币供应量为锚的数量型货币政策向以利率为锚的价格型货币政策转型，同时辅之以宏观审慎与货币政策的双支柱体系（易纲，2018）。因此价格特征和数量特征均需在模型中得到体现，并在此基础上重点分析我国数量型货币政策的有效性。

为了明确定义，我们需要假设以下前提。

第一，一般认为，货币政策有效是指货币政策能够促进 GDP 的增长。而在现实生活中，我们解读货币政策有效一般通过经济增长速度上行，或者是否能够达到政府预期的 GDP 增速水平来作为判断标准。GDP 增速实际上是 GDP 的对数差分，而 GDP 增速的增减实际上是二次差分。但从长周期来看，货币政策有效与否，应当对应的是货币增长或利率变化是否与经济增长相匹配。因此，我们将真实 GDP 进行对数处理，之后差分得到相应期间的 GDP 增速。

第二，M1 和 M2 仍然是央行数量型货币政策的主要监测指标。因此，从中介目标角度考虑，我们以 M1 和 M2 的存量指标来表示数量型货币政策操作。① 实际上，货币供给和货币流通速度决定了市场上真实的货币供应量。所以在考察对 GDP 的影响时，应当基于货币存量的视角。

第三，按照我国目前利率市场化的进展和价格型货币政策操作特点，一般以 7 天银行间质押回购利率（DR007）作为价格型货币政策的主要中间目标。比如，央行所构建的利率走廊，多用 7 天银行间质押回购利率来拟合。为了检验模型的稳健性，还需选择 30 天质押回购利率和 7 天 SHIBOR 利率作为价格指标进行比较。

第四，货币供应同时需要满足实体经济和金融市场的需求，金融市场需要充足的流动性供给来保持有效运行（周小川，2016）。中国的 M2 很大程度上被房地产市场所吸收，这是我国 M2/GDP 增速较快但是仍未发生恶性通货膨胀的主要原因。但是，在相关性检验中，房贷和 GDP 及 M2 的相关性高达 0.9 以上。为了规避共线性问题，我们仅加入 CPI 因子，来解释部分货币流向。

二 变量检验

（一）平稳性检验

时间序列数据的总体方差以及算数平均值均为固定数值，并且这两个变量自相关值和时间 t 都不相关（只与时间跨度相关）。因此可以认为该时间数据序列是平稳的。

---

① 一些文献指出，M1 由于包含在 M2 之中，因此模型中可能出现共线性问题。但在本书中，为了充分描述 M2 作为货币政策中介目标的效果，我们也将 M1 作为模型的一个重要指标加以对比分析。

$$E(U_t) = \mu;$$
$$\text{var}(U_t) = \sigma^2;$$
$$\text{cov}(U_t, U_{t-s}) = \gamma_s = 0$$

现实情况下,宏观经济数据多数是不平稳的。在进行时间序列回归时,如果直接进行数据建模,出现伪回归的概率较大。因此,我们首先需要进行平稳性检验,并根据数据情况进行差分处理。

本研究采用 ADF 单位根检验的方法来检查时间序列数据的平稳性,将因变量的滞后项添加到回归方程的右侧,以此来控制高阶序列相关问题。基本模型如下:

$$\Delta y_t = \gamma y_{t-1} + \alpha + \delta t + \sum_{i=1}^{p} \beta_i \Delta y_{t-i} + \mu_t$$

首先,对 GDP、M1、M2、7 天银行间质押回购利率 R、CPI 月度数据的稳定性进行检验。结果如下:

根据表 3-1 的结果我们可以看出,不同口径的价格水平和产出水平一阶差分后的单位根小于临界值,表明这两个变量的一阶差分序列是平稳的,也就是说都是一阶单整的。M1、M2 和 R 可以接受原假设,均为平稳序列。

表 3-1　　　　　　　　ADF 检验实证结果表

变量	ADF	P 值	结论
dgdp	-4.1023	0.00159	平稳
M1	-3.05489	0.0336	平稳
M2	-3.57075	0.0081	平稳
R	-4.07098	0.0017	平稳
dcpi	-12.3959	0.0001	平稳

(二) 格兰杰因果检验

协整关系与因果关系不同，前者只能代表变量之间的长期相关性。因此，还需对上述指标进行 Granger 因果检验。

从表 3-2 的检验结果可以看出，M1 和 M2 并不是 GDP 的格兰杰原因，在 1% 的水平下不能拒绝原假设。但是 GDP 是 R 和 CPI 的格兰杰原因，在 1% 的水平下拒绝原假设。GDP 增速提升可能造成利率上升和 CPI 上升，这和经济周期、金融周期现象是一致的。经济上行时，一般货币供给会慢于实体经济增长，从而造成了资金价格利率提升，同时经济增长也会带来通货膨胀。

表 3-2　　　　　　　　　格兰杰因果检验结果

Null Hypothesis:	Obs	F – Statistic	Prob.
M1 does not Granger Cause GDP	94	0.66235	0.7796
GDP does not Granger Cause M1		1.29633	0.2451
M2 does not Granger Cause GDP	94	1.06402	0.4061
GDP does not Granger Cause M2		0.80894	0.6401
R does not Granger Cause GDP	94	1.26693	0.2623
GDP does not Granger Cause R		3.08335	0.0020
CPI does not Granger Cause GDP	94	1.71898	0.0856
GDP does not Granger Cause CPI		2.78180	0.0046

(三) AR 根检验

对模型进行 AR 根检验的结果如图 3-12 所示，所有点均在单位圆内，且绝对值都小于 1，这也证明了模型是稳定的。

$$E(u_t) = 0_{N\times 1}$$

$$E(u_t u_\tau') = \begin{cases} \Omega_{N\times N}, t = \tau \\ 0_{N\times N}, t \neq \tau \end{cases}$$

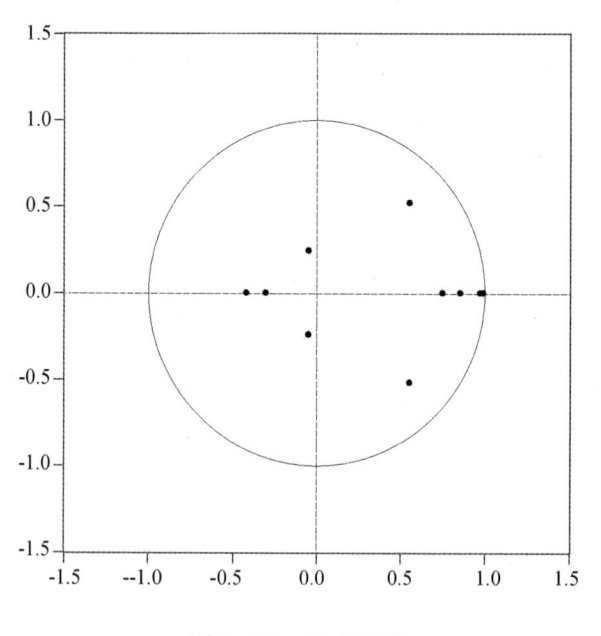

图 3-12 AR 根检验

三 VAR 模型构建

参考 Bagliano, Fabio – Cesare & Favero, Carlo A.（1997）、Benati & Surico（2009）和戴金平、刘东坡（2016）等人的相关研究，本书通过建立向量自回归 VAR（Vector Auto – Regression）模型，来分析这种非结构化的多方程模型下，各变量之间的关系和变化情况。

P 阶向量自回归模型可表示如下：

$$y_t = A_1 y_{t-1} + \cdots + A_p y_{t-p} + B x_t + \varepsilon_t$$

其矩阵形式为：

$$\begin{bmatrix} y_{1t} \\ \vdots \\ y_{kt} \end{bmatrix} = A_1 \begin{bmatrix} y_{1t-1} \\ \vdots \\ y_{kt-1} \end{bmatrix} + A_2 \begin{bmatrix} y_{1t-2} \\ \vdots \\ y_{kt-2} \end{bmatrix} + \cdots + B \begin{bmatrix} x_{1t-1} \\ \vdots \\ x_{kt-1} \end{bmatrix} + \begin{bmatrix} \varepsilon_{1t} \\ \vdots \\ \varepsilon_{kt} \end{bmatrix}$$

根据表3-3的结果，按照HQ、FPE标准，最优滞后阶为二阶，而LR、AIC和SC标准的最优阶数分别为七阶、八阶和一阶，同时二阶滞后的AIC、SC指标也相对较小，因此综合考虑确定最优滞后项为2，构建二阶向量自回归模型。

表3-3　　　　　　　　模型阶数

Lag	LogL	LR	FPE	AIC	SC	HQ
0	-761.2456	NA	25.16094	17.41467	17.55543	17.47138
1	-326.4444	810.3113	0.002271	8.101010	8.945556*	8.441256
2	-286.7738	69.42368	0.001636*	7.767585	9.315921	8.391371*
3	-274.7995	19.59420	0.002231	8.063625	10.31575	8.970950
4	-242.3218	49.45476	0.001933	7.893677	10.84959	9.084540
5	-216.1151	36.92751	0.001965	7.866253	11.52596	9.340655
6	-196.9233	24.86212	0.002397	7.998257	12.36175	9.756198
7	-157.1777	46.97211*	0.001888	7.663130	12.73041	9.704609
8	-123.0157	36.49120	0.001755	7.454903*	13.22597	9.779921

建立GDP与M1、M2、R、CPI的二阶向量自回归模型，方程如下：

$$Y_t = \alpha_1 Y_{t-1} + \alpha_2 Y_{t-2} + \varepsilon_t$$

其中，$Y_t = \begin{bmatrix} GDP \\ M1 \\ M2 \\ R \\ CPI \end{bmatrix}$，$\alpha_i$ 均为系数矩阵，ε_t 为波动项。

VAR 模型的估计结果如表 3-4 和表 3-5 所示：

表 3-4　　　　　　　2002—2009 年 VAR 模型估计结果

	GDP	M1	M2	R	CPI
GDP (-1)	0.494343	-0.18888	0.053379	0.085913	-0.0551
	-0.10936	-0.44107	-0.2474	-0.14404	-0.11966
	[4.52019]	[-0.42824]	[0.21576]	[0.59644]	[-0.46051]
GDP (-2)	-0.12828	0.081968	-0.14241	0.216536	0.004075
	-0.10708	-0.43187	-0.24225	-0.14104	-0.11716
	[-1.19795]	[0.18980]	[-0.58787]	[1.53527]	[0.03478]
M1 (-1)	0.5908	-0.17433	0.006418	0.215181	0.049283
	-0.3147	-0.12692	-0.07119	-0.04145	-0.03443
	[1.8773]	[-1.37356]	[0.09015]	[5.19144]	[1.43131]
M1 (-2)	0.104832	0.08467	-0.0101	0.097616	0.024603
	-0.03453	-0.13924	-0.0781	-0.04547	-0.03777
	[3.03640]	[0.60808]	[-0.12933]	[2.14667]	[0.65132]
M2 (-1)	0.56084	0.218711	-0.10794	-0.14963	-0.0879
	-0.537	-0.21657	-0.12148	-0.07073	-0.05875
	[1.04442]	[1.00990]	[-0.88853]	[-2.11561]	[-1.49606]
M2 (-2)	-0.27289	0.251594	0.055653	-0.12327	-0.01153
	-0.5321	-0.21461	-0.12038	-0.07009	-0.05822

续表

	GDP	M1	M2	R	CPI
	[−0.51282]	[1.17231]	[0.46231]	[−1.75882]	[−0.19801]
R（−1）	−0.09528	−0.41396	−0.51462	0.103717	0.021128
	−0.07753	−0.31268	−0.17539	−0.10211	−0.08483
	[−1.22893]	[−1.32391]	[−2.93422]	[1.01569]	[0.24907]
R（−2）	0.003093	0.296227	−0.14384	0.092925	0.18188
	−0.07376	−0.29748	−0.16686	−0.09715	−0.0807
	[0.04194]	[0.99580]	[−0.86204]	[0.95651]	[2.25368]
CPI（−1）	−0.14217	−0.50349	−0.06909	0.294053	0.58857
	−0.09679	−0.39036	−0.21896	−0.12748	−0.1059
	[−1.46885]	[−1.28983]	[−0.31552]	[2.30662]	[5.55776]
CPI（−2）	0.029338	−0.26944	−0.32903	−0.08385	0.213278
	−0.10128	−0.40845	−0.2291	−0.13339	−0.11081
	[0.28969]	[−0.65966]	[−1.43617]	[−0.62857]	[1.92475]
C	0.235839	1.856504	1.021757	−0.46443	0.421458
	−0.18134	−0.73135	−0.41023	−0.23884	−0.19841
	[1.30054]	[2.53847]	[2.49072]	[−1.94450]	[2.12419]
R−squared	0.950969	0.903093	0.931833	0.956084	0.648916

表3−5　　　　　　　　2010—2017年VAR模型估计结果

	GDP	M1	M2	R	CPI
GDP（−1）	1.269119	0.197032	−0.00871	1.339703	−1.82038
	−0.11066	−0.05305	−0.02734	−1.88005	−1.19819
	[11.4688]	[3.71414]	[−0.31862]	[0.71259]	[−1.51927]
GDP（−2）	−0.60582	−0.15062	0.035318	1.307931	0.542599
	−0.10021	−0.04804	−0.02475	−1.70246	−1.08501

续表

	GDP	M1	M2	R	CPI
M1 (-1)	[-6.04574] -0.42491 -0.25996	[-3.13547] 0.515477 -0.12462	[1.42670] -0.06208 -0.06422	[0.76826] -0.18388 -4.41667	[0.50009] 9.954626 -2.81483
M1 (-2)	[-1.63452] 0.444091 -0.26321	[4.13625] 0.437068 -0.12618	[-0.96669] 0.054491 -0.06502	[-0.04163] -0.49387 -4.47181	[3.53649] -8.35331 -2.84997
M2 (-1)	[1.68723] 0.257594 -0.54374	[3.46384] -0.15043 -0.26067	[0.83803] 0.770738 -0.13433	[-0.11044] 7.862743 -9.23802	[-2.93102] -16.3163 -5.88757
M2 (-2)	[0.47374] -0.00312 -0.55796	[-0.57708] 0.166878 -0.26748	[5.73783] 0.207589 -0.13784	[0.85113] -9.12821 -9.47958	[-2.77131] 15.27521 -6.04152
R (-1)	[-0.00560] -0.01325 -0.00648	[0.62388] -0.00975 -0.00311	[1.50603] -0.00364 -0.0016	[-0.96293] 0.615623 -0.11018	[2.52837] 0.059162 -0.07022
R (-2)	[-2.04313] 0.014488 -0.00646	[-3.13741] 0.000286 -0.0031	[-2.27120] 0.001941 -0.0016	[5.58765] -0.02042 -0.10979	[0.84257] -0.01975 -0.06997
CPI (-1)	[2.24194] 0.004564 -0.00972	[0.09235] 0.002961 -0.00466	[1.21602] -0.00029 -0.0024	[-0.18603] -0.01469 -0.16516	[-0.28223] 0.711155 -0.10526
CPI (-2)	[0.46947] 0.000544 -0.00922	[0.63536] -0.00048 -0.00442	[-0.12216] 0.000634 -0.00228	[-0.08897] 0.10944 -0.15669	[6.75619] 0.135053 -0.09986
C	[0.05903] 0.224339 -0.31541 [0.71125]	[-0.10740] -0.13989 -0.15121 [-0.92518]	[0.27819] 0.098805 -0.07792 [1.26804]	[0.69845] -4.32292 -5.3588 [-0.80670]	[1.35240] 9.696001 -3.41527 [2.83902]
R-squared	0.972314	0.994098	0.998965	0.549354	0.911736

根据表 3-4 和表 3-5 的结果可以看出，在 VAR 模型中，GDP 作为被解释变量是极为显著的。进一步通过调整时间区间和每个回归方程的解释变量，发现整体效果依然显著。

从当期情况来看，M1 对 GDP 的影响最大，主要原因是 M1 统计范围较小，而国内货币的快速供给有很大一块是通过表外资产及影子银行实现的。当 M1 快速提升时，基本属于政策时滞过后，开始真正作用于实体经济的时间，因此对 GDP 的影响较为显著。M2 对 GDP 增速的影响反而为负，可能也正是因为传导时滞的问题。因为 M2 对政策最为敏感，反应也最快。当经济接收到资金支持并反映在 GDP 上之时，M2 增速可能已趋缓。从价格要素看，资金价格和 GDP 增速呈现正向关系。GDP 增速较高的时候，资金价格也越贵，体现了利率的顺周期特性。

对比 2002—2009 年和 2010—2017 年两个区间的模型估计结果，我们发现数量型政策 M1 和 M2 的系数大小都有下降，而且显著性水平也出现下降。这说明，从整体上比较，数量型货币政策的有效性是下降的。在价格型政策方面，相关系数和显著性虽然略有提升，但是其绝对值和显著性水平都处在较低值，表明价格型货币政策效果还未充分显现。

四 SVAR 模型构建与识别

在 VAR 模型的基础上，参考 Kozluk, T. and Mehrotra, A. (2009); Chen, Chow & Tillmann (2017); Chen, Ren & Zha (2018) 等研究，通过建立结构向量自回归 SVAR（Structural Vector Auto-Regression）模型，来进一步对比分析数量型货币政策和价格型货币政

策对于产出的影响效果,并在此基础上进行脉冲响应函数分析和方差分解分析。

结构向量自回归模型表示如下:

$$B_0 y_t = A_1 y_{t-1} + \cdots + A_p y_{t-p} + \varepsilon_t$$

其矩阵形式为:

$$\begin{bmatrix} B_{01} \\ \vdots \\ B_{0k} \end{bmatrix} \begin{bmatrix} y_{1t} \\ \vdots \\ y_{kt} \end{bmatrix} = A_1 \begin{bmatrix} y_{1t-1} \\ \vdots \\ y_{kt-1} \end{bmatrix} + A_2 \begin{bmatrix} y_{1t-2} \\ \vdots \\ y_{kt-2} \end{bmatrix} + \cdots + B \begin{bmatrix} x_{1t-1} \\ \vdots \\ x_{kt-1} \end{bmatrix} + \begin{bmatrix} \varepsilon_{1t} \\ \vdots \\ \varepsilon_{kt} \end{bmatrix}$$

在 VAR 模型的基础上,我们使用 AB 型的 SVAR 模型。其中, A、B 为 k×k 的可逆矩阵,其与 VAR 模型有如下关系:

$$AA(L) y_t = A \varepsilon_t$$

A、B 矩阵满足 $A\varepsilon_t = Bu_t$,$E(u_t) = O_k$,$E(u_t u_t^{'}) = I_k$,则该模型为 AB – SVAR 模型, A、B 矩阵即为 SVAR 模型的短期约束条件(Amisano & Giannini, 1997)。模型识别和限制条件基于货币政策冲击的经典假设,即扩张性的货币政策将促进总产出的增加,同时也将导致通货膨胀率上升并进一步刺激总产出,反之则相反 (Uhlig, 2005)。模型有 5 个内生变量,因此需要至少设定 10 个约束条件才能识别出模型之中的结构性冲击,除去对角线的 5 个约束还需设定另外 5 个约束条件。

识别出的 A 矩阵和 B 矩阵分别为:

$$A = \begin{bmatrix} 1.000000 & 0.000000 & 0.000000 & 0.000000 & 0.000000 \\ 4.643021 & 1.000000 & 0.000000 & 0.000000 & 0.000000 \\ -1.490485 & -0.113408 & 1.000000 & 0.000000 & 0.000000 \\ 1.008422 & 0.080446 & 0.026351 & 1.000000 & 0.000000 \\ -0.073361 & 0.040589 & -0.069922 & -0.023400 & 1.000000 \end{bmatrix}$$

$$B = \begin{bmatrix} 0.086926 & 0.000000 & 0.000000 & 0.000000 & 0.000000 \\ 0.000000 & 2.289820 & 0.000000 & 0.000000 & 0.000000 \\ 0.000000 & 0.000000 & 0.739904 & 0.000000 & 0.000000 \\ 0.000000 & 0.000000 & 0.000000 & 0.613665 & 0.000000 \\ 0.000000 & 0.000000 & 0.000000 & 0.000000 & 0.373595 \end{bmatrix}$$

$$A\varepsilon_t = \begin{bmatrix} 1.000000 & 0.000000 & 0.000000 & 0.000000 & 0.000000 \\ 4.643021 & 1.000000 & 0.000000 & 0.000000 & 0.000000 \\ -1.490485 & -0.113408 & 1.000000 & 0.000000 & 0.000000 \\ 1.008422 & 0.080446 & 0.026351 & 1.000000 & 0.000000 \\ -0.073361 & 0.040589 & -0.069922 & -0.023400 & 1.000000 \end{bmatrix} \times \begin{bmatrix} \varepsilon_t^{GDP} \\ \varepsilon_t^{M1} \\ \varepsilon_t^{M2} \\ \varepsilon_t^{R} \\ \varepsilon_t^{CPI} \end{bmatrix}$$

$$= B\mu_t = \begin{bmatrix} 0.086926 & 0.000000 & 0.000000 & 0.000000 & 0.000000 \\ 0.000000 & 2.289820 & 0.000000 & 0.000000 & 0.000000 \\ 0.000000 & 0.000000 & 0.739904 & 0.000000 & 0.000000 \\ 0.000000 & 0.000000 & 0.000000 & 0.613665 & 0.000000 \\ 0.000000 & 0.000000 & 0.000000 & 0.000000 & 0.373595 \end{bmatrix} \times \begin{bmatrix} \mu_t^{GDP} \\ \mu_t^{M1} \\ \mu_t^{M2} \\ \mu_t^{R} \\ \mu_t^{CPI} \end{bmatrix}$$

五 脉冲响应函数分析

在模型估计结果的基础上，通过脉冲响应函数，即在随机误差项上加入冲击因子，分析各内生变量对于误差冲击的反应，进一步解释各变量之间的关系和影响程度。

在之前 VAR 模型分析结果的基础上，我们重点分析 2010—2017 年间的冲击效应。从图 3-14 可知，当 M1 发生一单位的正向冲击后，大约要一个季度后才会有相应的产出反应。其影响在两个季度后达到峰值，之后逐步减小。由于 M1 的统计口径过小，所以在两个季度

图 3-13　2002—2009 年产出对各种冲击的脉冲响应函数

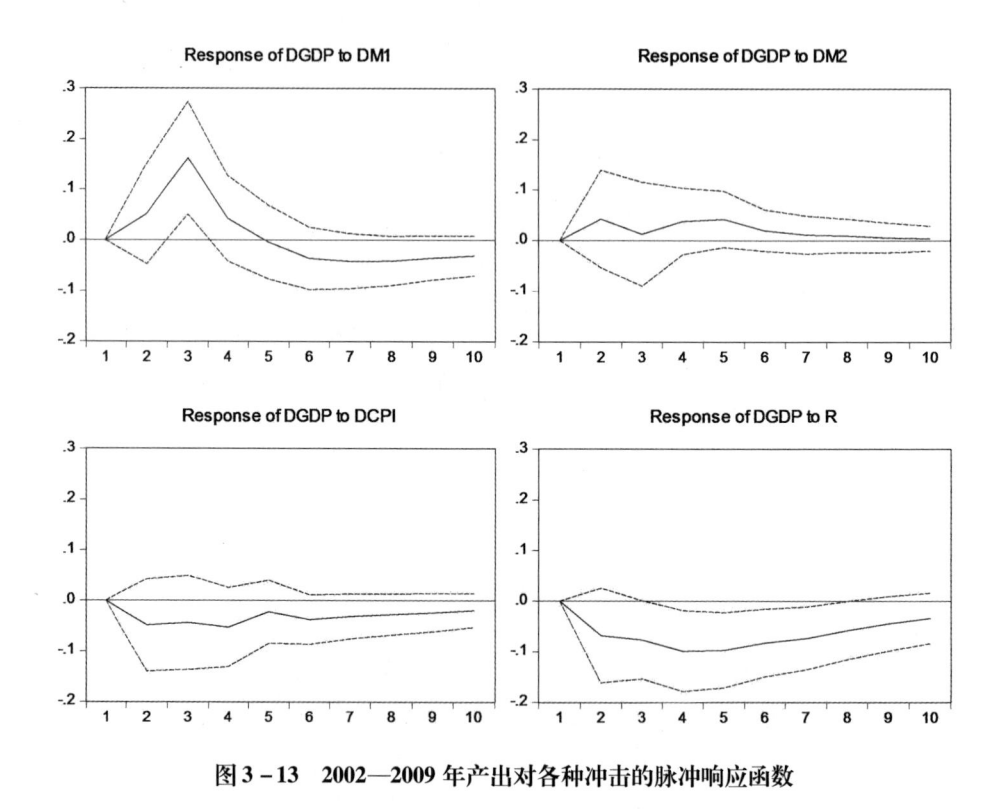

后，M1 对 GDP 的影响相对更为显著，这是由于货币政策时滞造成的。

M2 的变化对经济增长的影响比 M1 较为明显，且持续时间更久。主要原因是 M2 统计口径较大，随着我国资产证券化水平的提高，M2 对经济的影响更为显著。此外，M2 的增长可以对经济增长产生较为长远的影响，在之后的 10 个波动周期后仍能维持在一定的水平，以较为缓慢的速度趋于 0。M2 的显著性水平也相对更高，在 5 个月后其对 GDP 增长还有显著影响。

从价格要素上看，短期价格变化可以在 1 个月后立刻造成 GDP 的变化。说明价格型货币政策比数量型政策对实体经济的增长更加敏

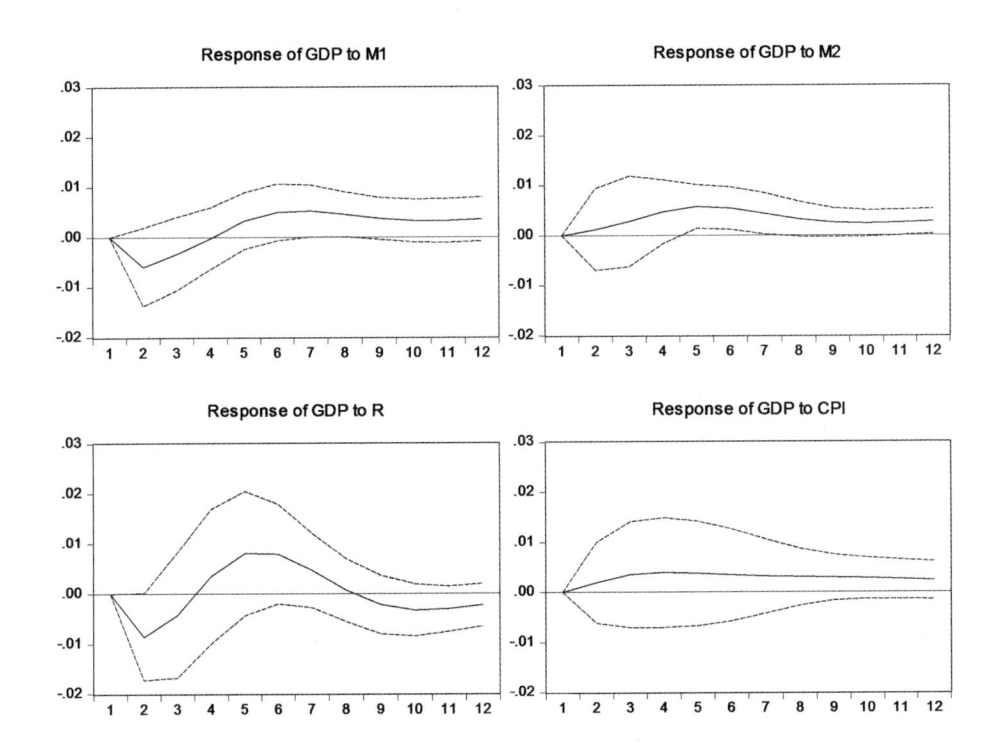

图 3-14 2010—2017 年产出对各种冲击的脉冲响应函数

感。价格要素在 1—3 个月内极为显著，意味着降息的确可以显著地刺激经济短期提振。但是利率同时面临着顺周期的问题，这就造成了在经济周期向上时，货币价格会自然呈上升趋势，从而在一定程度上抑制投资，控制经济增长速度。从脉冲响应函数中我们可以看出，GDP 增长对货币价格 R 多呈现负向关系，符合上述逻辑。

而从价格水平来看，CPI 的反应和数量型货币政策一样，对经济增长反应较为缓慢。此外，CPI 和 M1 呈现较为高度的一致性，这在一定程度上可以用"所有的通胀本质上都是货币因素"来解释。

但是，从显著性绝对水平上看，不管是数量型货币政策还是价格型政策，其对 GDP 增速的影响都不是很显著，相对而言 M2 的刺激还较为明显。这不仅反映出经济增长不能完全依赖货币政策,而且货币政策本身也会出现抵消的情况。从传导机制角度分析,在经济转型期间,我国央行同时采用数量型政策和价格型政策,导致货币政策传导在一定程度上出现失灵,这是货币政策对 GDP 影响有限的一个可能原因。

对比 2002—2009 年和 2010—2017 年两个区间,我们发现,在早期 M1 和 M2 脉冲效应的显著性水平都要高很多。特别是 M1 对经济的刺激作用较为显著,M2 的弹性也相对后期有明显提高。在价格型指标利率方面,利率的刺激作用也更加显著。当利率提升,GDP 增速快速反向响应。相反,当利率下降时,也能够有效刺激经济增长。考虑到在 2010 年之前,我国货币政策还是以数量型政策为主,通过货币数量增发引导价格指标下行。这在一定程度上综合反映了 2002 至 2009 年期间,数量型货币政策的有效性更为显著。

六 方差分解分析

基于 SVAR 模型的方差分解能够刻画出随机参数的相对关系和重要信息,相关变量对 GDP 增长率解释力度的方差分解如表 3-6 和表 3-7 所示:

表 3-6　2002—2009 年相关变量对 GDP 增长率解释力度的方差分解

Period	S. E.	GDP	M1	M2	R	CPI
1	0.443958	100	0	0	0	0
2	0.506088	95.50906	1.045529	0.705075	1.817698	0.922635
3	0.545979	78.697402	9.738151	6.60378	3.527171	1.433496
4	0.560902	73.285209	9.806886	8.2127	6.449312	2.245893

续表

Period	S. E.	GDP	M1	M2	R	CPI
5	0.572521	63.438367	9.418373	15.79239	9.043627	2.307243
6	0.582362	60.685229	9.486246	16.44004	10.74069	2.647795
7	0.590239	59.02457	9.731075	16.37562	12.00851	2.860225
8	0.595898	57.907923	10.02563	16.32793	12.71795	3.020567
9	0.599586	57.283847	10.24481	16.21641	13.11218	3.142753
10	0.60204	56.900516	10.42676	16.13287	13.31949	3.220364

表 3-7　2010—2017 年相关变量对 GDP 增长率解释力度的方差分解

Period	S. E.	GDP	M1	M2	R	CPI
1	0.039553	100.0000	0.000000	0.000000	0.000000	0.000000
2	0.063242	97.16633	0.879212	0.035172	1.829106	0.090177
3	0.071785	96.85253	0.895368	0.179158	1.763417	0.309528
4	0.073007	96.01716	0.866831	0.588461	1.938250	0.589300
5	0.074066	93.89079	1.034614	1.172773	3.075021	0.826800
6	0.075921	91.95062	1.413415	1.623375	4.022794	0.989801
7	0.077088	90.87197	1.833401	1.892879	4.272768	1.128986
8	0.077456	90.27872	2.159895	2.050350	4.240554	1.270485
9	0.077682	89.77830	2.377379	2.146670	4.293241	1.404406
10	0.077978	89.28401	2.534417	2.222720	4.437083	1.521774
11	0.078234	88.81548	2.692521	2.312012	4.558309	1.621675
12	0.078434	88.36897	2.886365	2.424788	4.617625	1.702253
13	0.078643	87.93114	3.120315	2.551025	4.635822	1.761699
14	0.078880	87.49943	3.379024	2.676548	4.642199	1.802803
15	0.079115	87.07351	3.641715	2.793462	4.660159	1.831151
16	0.079333	86.65138	3.893078	2.900696	4.703648	1.851202
17	0.079535	86.23370	4.127788	3.001129	4.772039	1.865339
18	0.079729	85.82443	4.348570	3.098962	4.853112	1.874827
19	0.079919	85.42692	4.561601	3.197590	4.933376	1.880517
20	0.080106	85.04184	4.771088	3.298396	5.005616	1.883058

数据显示，由于 GDP 增速具有很强的趋势性，与过去值密切相关，因此 GDP 增速最主要的解释变量是 GDP 自身。从货币政策来看，狭义货币供应量 M1、广义货币供应量 M2 以及 7 天银行间同业拆借利率 R，在一开始对 GDP 增速并未表现出显著效果，一般要一个季度左右的时间才能逐步在经济增长中实现作用。前文已经指出，这是由于货币政策时滞所造成的。

与 SVAR 脉冲响应函数的分析结果类似，从作用时效上看，M1 在一年左右的时间基本可以完全释放自己的影响力，而 M2 的影响则更为深远，可以在一个较长的时间内保持对经济的刺激作用。价格要素对经济增长反应较为灵敏，在一个月之后就立刻显示出较强的反应。但是在 1 个月至 1 年的区间内，对经济增长的解释力度有限，而在一年后则又迎来一次快速的提升。主要原因可能是，从利率下降到经济增长中间需要较长的传导链，利率作用于金融机构，金融机构增加贷款总量，企业将贷款投入运营，最后才能带来 GDP 增长率的提升。这也从一定程度上反映出利率传导机制方面的时滞问题。

同样对比 2002—2009 年和 2010—2017 年的区间数据，M1、M2 的解释力度都出现了明显下降。M1 和 M2 的方差分解分别从 10.43 和 16.13 下降到 4.77 和 3.30，M2 的下降效应更加剧烈。价格型因子利率的解释力度也从 13.32 下降到 5.01。因此，从整体上看，货币政策的有效性都出现了显著下降，其主要原因值得我们深思。在模型中，我们还可以看到各中介目标的解释力度下降。究其原因，可能是随着金融行业的发展，数量型中介目标统计越来越困难，大量影子银行的存在以及资金空转，使得货币量虚增而无法流入到实体企业，最终无法真正地促进经济增长。

七 对比分析与结论

对比 VAR 和 SVAR 模型在两个阶段的分析结果，我们发现二者有很大的相似性，可以同时得到以下三点结论：

第一，从整体上看，我国货币政策有效性不显著。不管是数量型指标还是价格型指标，货币政策都很难对经济增长产生显著性拉动。我们采用多种价格性指标如 3 个月同业拆借利率、3 个月质押回购利率等进行稳健性检验，均发现价格型货币政策有效性有限。货币政策失灵可能受到金融深度、金融系统传导机制及其他宏观经济政策（如财政政策、产业政策等）的影响。如前所述，在我国经济转型期间，货币政策的效果和特征也是经济规律所致。

第二，在 2015 年之前，我国数量型货币政策有效性优于价格型政策，这是我国经济发展阶段及政策演化程度所决定的。从 1998 年以来，我国一直采用 M2 作为货币政策中介目标，在最近几年中我们开始构建利率走廊机制，打造价格型中介目标。因此我们从模型中也看出，价格型货币政策的有效性在后期出现提升。

第三，从过去的经验来看，M2 对经济的长期影响作用要优于 M1，但是 M1 对经济的促进作用更加灵敏，传导时滞更短。对于价格型货币政策，利率对 GDP 的增长反应较为灵敏，但是持续时间较短。随着金融市场发展逐步完善，市场对价格信息消化速度变快，到达新稳态的周期也会缩短。

此外，对比分析还发现，不管是从因子的解释力度还是显著性水平上，数量型指标（M1、M2）和价格性指标（利率）均呈现出较为明显的下降趋势。说明传统的货币政策操作框架有效性在不断下降，为我国货币政策框架进一步的转型重构提供了理论依据。

首先，从绝对值看，数量型指标的系数明显高于价格型指标，说明数量型调控框架在过去一段时间对于宏观经济起到了一定的效果。但从相对值可以发现，数量型因子的显著性是在下降的，这反映出数量型政策工具的调控力度在持续减弱。而价格型因子的相对值虽然呈现微弱上升趋势，但是仍处在较低水平，这说明了货币政策框架转型的历史逻辑变化和特征事实。

其次，我国货币手段调控作用存在政策时滞较长的问题，数量型政策的反应灵敏度要弱于价格型的货币政策。一方面是由于央行关注的货币政策中介目标在发生变化，数量中介指标逐步从 M1 过渡到 M2，再到社会融资规模总量。另一方面是由于我国金融深化和金融脱媒的发展，特别是影子银行的快速扩张，导致流动性传导明显异化，数量型工具的效果被进一步弱化。以货币供应量为要素的数量型工具，传导到实体经济的真实效应也越来越难以量化，价格型货币的政策意义更加凸显。

最后，需要说明的是，本节的实证分析只能部分解释货币政策有效性下降的特征和趋势。原因在于模型中没有考虑其他宏观变量和结构性变量的作用，比如外部环境的冲击导致外汇占款下降，从而改变了货币投放结构；又如金融中介的问题导致不同的货币政策传导存在差别。但实证分析的结论可以为我们接下来分析以价格型调控为主的货币政策框架转型提供基础。

还应认识到，货币政策从数量型向价格型的转变和价格型调控体系的建立，并不是两种政策和理论孰优孰劣的问题，而是在金融深化的过程中，哪种方式更适合当时的经济发展状况。虽然弗里德曼一生致力于让政府接受数量型的货币政策，但是在美联储 20 世纪 80 年代的数量型货币政策实践中，政策效果的争议一直存在。究其原因，主要是金融市场发展越来越迅速，特别是互联网的繁荣和数字货币的崛起，彻底改变了原来商业银行派生存款的货币创造模式。大大小小、形形色色的影子银行遍布全球，同时互联网也让全球资本流动更加顺畅，导致货币的数量监控越来越难以实现。而货币流通速度也在这个过程中波动性提升，货币供给很难量化，需求端更是难以测算，导致货币供应量和通货膨胀率的联系被削弱，并使得货币政策有效性大打折扣。

第五节 货币政策框架转型的利率传导机制

当现实经济发生变化时，货币政策也要随着金融体系变革和全球经济转型而不断调整。正是由于经济环境的复杂性和多元性，众多发展中国家普遍存在金融管制及二元金融结构。同时，新兴经济体对银行等传统金融机构高度依赖，银行作为中介机构在货币创造过程中扮演着不可或缺的角色。对于发达经济体，可以看到西方国家在数次的货币政策转型过程中，均形成了价格型的货币政策目标体系，如美联储的联邦基金利率体系和欧洲央行的利率走廊框架。

因此，在货币政策转型过程中，央行面临着一个不得不去跨越的问题，即利率市场化。没有利率市场化，就没有价格型的货币政策框架。利率还是政府调控金融市场、促进实体经济的一个重要手段。在传统货币政策体系下，央行通过公开市场操作等手段影响基准利率，再通过金融市场和金融中介调控利率市场水平，形成由短期利率向长期利率传导的机制。

当前，中国货币政策框架转型的大方向就是以数量型调控为主逐步转向以价格型调控为主。价格型调控框架中利率调控机制是核心，在市场利率不断深化的情况下，政策利率向市场利率的有效传导，进而传导至实体部门，是价格型调控框架能否发生作用的重要因素。在借鉴Freixas and Rochet（2008）、何东与王红林（2011）、马骏和王红林（2014）模型的基础上，我们通过构造一个相对简化的政策利率传导机制的理论模型，从央行、商业银行、企业和居民四个经济主体和存款、贷款、债权和再贷款融资四个市场出发，假设商业银行在持有部分现金的条件下追求利润最大化，企业追求融资成本最小化、居民追求投资收益最大化，分析理想状态下价格型货币政策框架体系中的政策利率传导的过程和机制，并重点分析商业银行在成本收益约束下的利率机制对于货币政策传导的影响。

一 基本模型

假设金融体系有相互独立的 N 个银行，整个市场是充分竞争的市场，银行不能影响市场定价。商业银行从居民手中获得存款 D_i，对企业发放贷款 L_i。商业银行同时还需要上缴存款准备金，存款准备金率为 α。特别地，商业银行还会持有一部分比例的现金，占存款的比例为 β。商业银行间短期拆借资金为 NB_i，利率为 r_p。商业银行持有债券 B_i。商业银行利润最大化的条件为：

$$\prod\nolimits_{B_i} = \mathrm{Max}_{L_i, D_i, NB_i} \{ r_l L_i + r_r \alpha D_i + \beta D_i + r_b B_i - r_d D_i - r_p NB_i - C(D_i, L_i, NB_i) \}$$

其中 r_l 代表贷款利率，r_d 代表存款利率，r_r 是存款准备金利率，r_b 为债券收益率，$C(D_i, L_i, NB_i)$ 代表银行的经营成本。银行在债券市场的约束头寸为：

$$B_i = D_i + NB_i - L_i - \alpha D_i - \beta D_i$$

代入上式并对 L_i 求导，得到银行贷款供给：

$$r_l = r_b + C(D_i, L_i, NB_i)$$

对 D_i 求导得到：

$$\alpha r_r + \beta + (1 - \alpha - \beta) r_b = r_d + C_d(D_i, L_i, NB_i)$$

对 NB_i 进行求导得到：

$$r_b = r_p + C_{NB}(D_i, L_i, NB_i)$$

在对 L_i，D_i，NB_i 求导中假设 $C(D_i, L_i, NB_i)$ 是严格凸性和二阶连续可导的，因此有：

$$C(D_i, L_i, NB_i) = \frac{1}{2}(\delta_D D_i^2 + \delta_L L_i^2 + \delta_{NB} NB_i^2)$$

导出银行贷款供给为：

$$L_i^s = (r_l - r_b) / \delta_L$$

银行存款需求为：

$$D_i^d = [\alpha r_r + \beta + (1 - \alpha - \beta) r_b - r_d] / \delta_D$$

对再贷款的需求为：

$$NB_i = (r_b - r_p) / \delta_{NB}$$

银行购买债券为：

$$B_{b_i} = D_i + NB_i - L_i - \alpha D_i - \beta D_i$$

对于厂商来说，假设有 N 个相互独立的厂商，市场上不存在垄断，厂商的融资渠道主要来源于债券和银行贷款，厂商的目标是融资的成本最小化。因此，其目标函数可以表示为：

$$\prod_{F_i} = \text{Max}_{L_i, B_i} \{\varphi_F(L_i + B_i) - r_l L_i - r_b B_i - C(L_i, B_i)\}$$

在这个过程中，假设 φ_F 是资金回报率，$C(L_i, B_i)$ 是贷款和债券的管理成本。假设发行成本是：

$$C_F(L_i, B_i) = \frac{1}{2}(\delta_{FL} L_i^2 + \delta_{FB} L_i^2 + \delta_{NB} NB_i^2)$$

对 L_i 求导得到厂商贷款需求为：

$$L_i^d = (\varphi_F - r_i)/\delta_{FL}$$

对 B_i 求导得到厂商的债券需求为：

$$B_s^i = (\varphi_F - r_b)/\delta_{FB}$$

对于居民来说，居民可以投资存款和债券。得到整个经济体在 I 的预算约束下的 N 个投资者收益方程为：

$$\prod_{H_i} = \text{Max}_{D_i, B_{hi}} \left\{ r_d D_i + r_b B_{hi} - \frac{1}{2} \varphi_h B_{hi}^2 \right\}$$

$$s.t.\ D_i + B_{hi} \leq \bar{BC}_i$$

假设在 $\bar{BC}_i$ 为预算约束，代入上式求导，得到居民的存款供给为：

$$D_i^s = (r_d - r_b)/\varphi_h + \bar{BC}_i$$

居民的债券需求为：

$$B_{hi}^d = \bar{BC}_i - D_i^s = (r_d - r_b)/\varphi_h$$

对于中央银行来说设定短期利率为 r_p，央行对利率的判断主要来源于商业银行的需求，这种关系可以表达为：

$$NB_i^* = (r_b - r_p)/\delta_{NB}$$

在上述模型中，我们对中央银行、商业银行、企业、居民四个利益主体的行为进行了刻画。其中的关键在于，不同的利率水平下，中央银行设定的短期利率如何传导到存贷款利率以及债券收益率，这是各个利益主体实现行为目标的重要约束条件。

二 静态均衡下的利率传导机制

在基础模型达到静态均衡的情况下,四个市场同时达到供求平衡。对于贷款市场来说,银行的供给和厂商的融资需求是平衡的,二者都是为了追求利益最大化。

因此,由 $L_d = L_s$ 可以导出:

$$r_l = (\varphi_F \delta_L + \delta_{FL} r_b)/(\delta_{FL} + \delta_L)$$

在贷款市场上,厂商资金回报率高会推高市场的利率。

对于存款市场来说,银行追求利润最大化,居民追求收益最大化,在存款市场上,由 $D_d = D_s$ 最终求出存款市场的利率均衡为:

$$r_d = \{[\varphi_h(1-\alpha-\beta) + \delta_D]r_b + \alpha\varphi_h r_r + \beta\varphi_h - \delta_D \varphi_h \overline{BC_i}\}/(\delta_D + \varphi_h)$$

在这个过程中,居民的存款供给主要受储蓄率的影响。

对于债券市场来说,厂商为债券融资的主体,资金主要来源于商业银行和居民,可以表示为:

$$B^s = B_h^d + B_b^d$$

将上式代入得到:

$$r_b = \frac{\dfrac{\varphi_F}{\delta_{FB}} + \left(\dfrac{1}{\varphi_h} + \dfrac{1-\alpha-\beta}{\delta_D}\right)r_d - \dfrac{(\alpha r_r + \beta)(1-\alpha-\beta)}{\delta_D} + \dfrac{r_p}{\delta_{NB}} + \dfrac{r_l}{\delta_L}}{\dfrac{1}{\delta_{FB}} + \dfrac{1}{\varphi_h} + \dfrac{(1-\alpha-\beta)^2}{\delta_D} + \dfrac{1}{\delta_{NB}} + \dfrac{1}{\delta_L}}$$

对于再贷款市场:

$$NB = (r_b - r_p)/\delta_{NB}$$

对于四个市场的均衡必须同时满足 r_l、r_d、r_b 和 NB 的约束条件,最终达到均衡并进行求解。在均衡状态下最优流动性投放量为:

$$\begin{cases} r_l^* = (\varphi_F \delta_L + \delta_{FL} r_b^*)/(\delta_{FL} + \delta_L) \\ r_d^* = \{[\varphi_h(1-\alpha) + \delta_D]r_b^* + \alpha\varphi_h r_r + \beta\varphi_h - \delta_D\varphi_h \overline{BC}\}/(\delta_D + \varphi_h) \\ r_b^* = \dfrac{\dfrac{\varphi_F}{\delta_{FB}} + \dfrac{\alpha^2 r_r + \beta - [\delta_D + (1-\alpha-\beta)\varphi_h]\overline{BC} + (1-\alpha-\beta-\alpha r_r)\beta\varphi_h/\delta_D}{\varphi_h + \delta_D} + \dfrac{r_p}{\delta_{NB}} + \dfrac{r_l^*}{\delta_L}}{\dfrac{1}{\delta_{FB}} + \dfrac{1}{\varphi_h} + \dfrac{(\alpha+\beta)^2}{\varphi_h + \delta_D} + \dfrac{1}{\delta_{NB}} + \dfrac{1}{\delta_L}} \\ NB^* = [r_b^* - r_p(1-\varphi_r - \varphi_t)/\delta_{NB}] \end{cases}$$

从上式中可以证明,均衡状态下有:

$$0 < \frac{\partial r_b^*}{\partial r_p} \leq 1$$

这个公式说明央行的利率向债券收益率传导并不完全,在这个过程中会受到其他外生因素的影响。

同样,可以求得再贷款利率和央行利率间的关系为:

$$\frac{\partial NB^*}{\partial r_p} = \left(\frac{1}{\delta_{NB}}\right)\left[\frac{1}{\delta_{NB}\left(\dfrac{1}{\delta_{FB}} + \dfrac{(\alpha+\beta)^2}{\varphi_h + \delta_D} + \dfrac{1}{\delta_{NB}} + \dfrac{1}{\delta_{FL} + \delta_L}\right)}\right] > 1$$

从该式可以看出,当市场缺少流动性时,利率有向上的压力,央行为了保持利率不变,必须向市场注入流动性,利率存在如下关系:

$$\frac{\partial r_l^*}{\partial r_p} = \frac{\partial r_l^*}{\partial r_b^*}\frac{\partial r_b^*}{\partial r_p} > 0$$

可以看出,利率 r 的上升影响债券收益,并进一步影响贷款利率。

三 不同市场条件下利率传导的影响机制

(一)存款准备金

央行近年来通过不断调整利率来达到调节市场流动性的目的,根据四个市场的均衡条件很容易求解得出：

$$\frac{\partial r_b^*}{\partial r_p} = \frac{1}{\left[1 + \delta_{NB}\left(\frac{1}{\delta_{FB}} + \frac{(\alpha+\beta)^2}{\varphi_h + \delta_D} + \frac{1}{\delta_{FL} + \delta_L}\right)\right]}$$

进一步可以证明：

$$\frac{\partial r_b^*}{\partial r_p} > 0, \frac{\partial r_d^*}{\partial r_p} > 0, \frac{\partial r_l^*}{\partial r_p} > 0$$

因此，存款准备金的变化并不会影响利率在不同市场的传导。但在这个过程中，准备金的提高会降低央行的政策利率对证券和贷款利率的影响，即弱化央行的利率调控效果。

(二) 存贷比和贷款限制

商业银行对央行利率的传导，主要是从存贷比和贷款数量两个方面来产生影响的。商业银行的存贷比对利率传导的作用，主要体现在其对收益的约束。在存贷比约束下，银行的利润可以表示为：

$$\prod_i = \text{Max}_{L_i, D_i, NB_i} \{r_l L_i + r_r \alpha D_i + \beta D_i + r_b B_i - r_d D_i - r_p N B_i - C(D_i, L_i, NB_i)\}$$

$$s.t. \ L_i \leq k_\alpha D_i$$

其中 k_α 为银行规定的存贷比。运用拉格朗日函数在约束条件下求解 Kuhn-Tucker 条件得出存贷比约束条件，银行的存贷需求方程为：

$$D^d = [k_\alpha r_l + \alpha r_r + \beta + (1 - \alpha - \beta - k_\alpha)r_b - r_d]/(\delta_D + \delta_L k_\alpha^2)$$

求解得出贷款市场的均衡为：

$$r_l = \frac{\varphi_h(\delta_D + \delta_L k_\alpha^2) - \delta_{FL} k_\alpha [(1 - \alpha - \beta - k_\alpha)r_b + \beta + \alpha r_r - r_d]}{\delta_D + \delta_L k_\alpha^2 + \delta_{FL} k_\alpha^2}$$

存款市场的均衡为：

$$r_d = \frac{[\varphi_h(1-\alpha-\beta-k_\alpha)+(\delta_D+\delta_L k_\alpha^2)r_b]+\varphi_h[k_\alpha r_1+\beta+\alpha r_r-\overline{BC}(\delta_D+\delta_L k_\alpha^2)]}{\delta_D+\delta_L k_\alpha^2+\varphi_h}$$

对于债券市场来说，均衡解为：

$$r_b = \frac{(\delta_D+\delta_L k_\alpha^2)\delta_{FB}(\overline{BC}+NB)-\varphi_F(\delta_D+\delta_L k_\alpha^2)-\delta_{FB}(\alpha+\beta+k_\alpha)(k_\alpha r_1+\alpha r_r+\beta-r_d)}{(\alpha+\beta+k_\alpha)\delta_{FB}(1-\alpha-\beta-k_\alpha)-(\delta_D+\delta_L k_\alpha^2)}$$

由于 $(1-\alpha-\beta-k_\alpha)>0$，因此求解证明可得：

$$\frac{\partial r_l^*}{\partial r_p}>0,\ \frac{\partial r_d^*}{\partial r_p}>0,\ \frac{\partial r_b^*}{\partial r_p}>0,\ \frac{\partial NB^*}{\partial r_p}<0$$

这进一步说明，存贷比并不会使得央行的利率传导方向发生变化，但是存贷比的限制会在一定程度上消减央行利率政策的传导效果。央行运用利率手段来调控市场的流动性，会影响存贷比进而影响债券市场收益水平。

央行对贷款的数量限制对商业银行也有一定的影响。在贷款数量限制下，银行受到的约束如下：

$$\prod_{B_i} = \text{Max}_{L_i,D_i,NB_i}\{r_l L_i + r_r \alpha D_i + \beta D_i + r_b B_i - r_d D_i - r_p NB_i - C(D_i, L_i, NB_i)\}$$

$$s.t.\ L_i \leq \overline{L}_i$$

$\overline{L}_i$ 为对贷款的数量限制。运用 Kuhn – Tucker 条件求解可以得到：

$$\frac{\partial r_l^*}{\partial r_p} = 0\ \text{求得}\ r_l^* = \varphi_F - \delta_{FL}\overline{L}$$

上述结果表明，在由央行决定的贷款约束对所有银行有效时，央行的利率对贷款利率无影响；如果在这个过程中部分银行面临贷款数量约束，央行利率的影响就会减弱。

（三）债券发行成本

我国的债券市场与发达国家有较大差异，主要是因为市场机制不完善而存在政府管制过多、发行成本较高等限制因素。

在基本模型中将 $\dfrac{\partial r_l^*}{\partial r_p}$，$\dfrac{\partial r_d^*}{\partial r_p}$，$\dfrac{\partial r_b^*}{\partial r_p}$ 对企业发行债券的成本 δ_{FB} 求二次偏导，可以得出收益率关系为：

$$\dfrac{\partial^2 r_l^*}{\partial r_p \partial \delta_{FB}} = \dfrac{\delta_{NB}\delta_{FL}(\varphi_h+\delta_D)^2(\delta_D+\delta_{LF})}{[(\varphi_h+\delta_D)(\delta_{NB}+\delta_{FB})(\delta_L+\delta_{FL})+\delta_{NB}\delta_{FB}+(\alpha+\beta)^4\delta_{NB}\delta_{FB}(\delta_L+\delta_{FL})^2]^2} > 0$$

$$\dfrac{\partial^2 r_d^*}{\partial r_p \partial \delta_{FB}} = \dfrac{\delta_{NB}(\varphi_h+\delta_D)(\varphi_h+\delta_D)^2[\varphi_h(1-\alpha)+\delta_D]}{[(\varphi_h+\delta_D)(\delta_{NB}+\delta_{FB})(\delta_L+\delta_{FL})+\delta_{NB}\delta_{FB}+(\alpha+\beta)^4\delta_{NB}\delta_{FB}(\delta_L+\delta_{FL})^2]^2} > 0$$

$$\dfrac{\partial^2 r_b^*}{\partial r_p \partial \delta_{FB}} = \dfrac{\delta_{NB}(\varphi_h+\delta_D)^2(\delta_L+\delta_{FL})^2}{[(\varphi_h+\delta_D)(\delta_{NB}+\delta_{FB})(\delta_L+\delta_{FL})+\delta_{NB}\delta_{FB}+(\alpha+\beta)^4\delta_{NB}\delta_{FB}(\delta_L+\delta_{FL})^2]^2} > 0$$

从以上三个公式的结果可以看出，当企业发行债券的成本升高时，存贷款利率及债券的收益率都会对央行利率的变化更加敏感。也就是说，央行利率政策传导的影响在债券市场中显著性会提高。

（四）商业银行持有现金的影响

对于商业银行来说，持有现金会增加成本。但商业银行为应对流动性冲击和临时需要，不得不持有一部分的现金。特别是当商业银行对未来经济预期比较悲观或者不确定性增加时，为防止银行坏账的增加，商业银行会减少贷款，进而持有现金比例会提高，即出现惜贷行为。商业银行贷款的减少会对企业生产造成不利影响，从而对实体经济造成冲击。

在基本模型中将 $\frac{\partial r_l^*}{\partial r_p}, \frac{\partial r_d^*}{\partial r_p}, \frac{\partial r_b^*}{\partial r_p}$ 对银行持有现金比例 β 求二次偏导，可得：

$$\frac{\partial^2 r_b^*}{\partial r_p \partial \beta} < 0, \frac{\partial^2 r_d^*}{\partial r_p \partial \beta} < 0, \frac{\partial^2 r_l^*}{\partial r_p \partial \beta} < 0$$

这表明，商业银行如果持有的现金较多，会弱化政策利率向所有其他市场利率的传导，降低货币政策的调控效果。当前，随着我国经济步入新常态的新阶段，加之全球贸易保护主义抬头，经济增长面临的压力进一步加大。为防止商业银行过多地持有现金和惜贷行为，政策当局应稳定预期，加大对商业银行的管理，增大对企业融资的支持，进而增强货币政策的调控效果。

总之，在理想状态下，任何一个市场的利率发生变动，都会引起相关其他市场利率的同方向变动，但是变动的程度还受到现实约束条件如金融摩擦和金融管制程度的限制。在央行、商业银行、居民、企业四部门模型下，政策利率向市场利率的传导极易受到各个渠道的影响。由于商业银行在中国金融体系中占据主要地位，央行的利率传导效果和效率取决于诸如存款准备金、存贷比和贷款数量限制等一系列因素。其中，商业银行相关的存贷款利率、短期拆借利率和债券利率等，对于政策利率的传导效果具有十分关键的影响。此外，银行体系中影子银行的发展、国有银行和非国有银行的行为差异、银行资产组合的变化等结构性因素也会对利率传导机制产生冲击，对于中国而言这种冲击尤为显著。如何将这些因素引入分析，也是理论模型下一步需要完善的重点之一。

第四章

中国货币政策框架转型：有效目标、工具体系与传导机制

货币政策调控体系是一个包含了中央银行、金融部门到实体经济的整体，经历了从简单到复杂、从直接到间接、从管制到市场的发展。中国人民银行的货币政策调控体系最早主要关注信贷规模，以直接调控为主，行政管控色彩浓厚。随着市场化机制的完善和经济体系的不断发展，货币政策调控体系也日趋复杂，简单地关注信贷规模不再是央行主要的中介目标，最终目标到政策工具之间的传导机制更为关键，价格型的中介目标也更加重要。

受制于我国货币政策面临的多重约束条件，中国货币政策调控具有"多目标"的特点，除传统的物价稳定、经济增长、充分就业、国际收支平衡之外，还有金融稳定和结构调整等目标，这决定了中国货币政策的中介目标、操作工具和传导机制也更加复杂。经过历史上的几次转型，在实践方面，我国的货币数量目标已经在决策过程中被逐步淡化。但与发达国家相比，中国的货币政策受到不同层面条件的约束，不能满足充分市场条件下单一目标制的要求。因此，中国货币政策更多的时候是在多种因素制约下实现多重目标。

相应地，多目标需要多工具的配合，中国当前货币政策工具既有

数量型，也有价格型，还有越来越多的创新型和结构性工具。同时，货币政策传导机制不畅也一直是理论层面和实践层面尤为关注的问题。货币政策调控是为了更好地服务于实体经济，但是传统的数量型目标与实体经济指标的关系不断弱化，政策利率又不能很好地引导市场利率，这导致货币不能有效地传导到实体经济。因此，货币政策传导机制对新货币政策框架的转型具有重要意义。

为了更好地理解中国货币政策的目标体系、工具体系和传导机制，本章首先基于泰勒规则的建模，分析了中国货币政策有效目标体系的特点，然后从传统的货币工具体系出发，结合我国国情进一步研究中国货币工具体系和创新。并从实际出发，研究新常态下新型货币工具的传导机制及效果，从而深入分析中国货币政策框架由数量型调控向价格型调控转变的具体机制。

◇ 第一节　中国货币政策有效目标体系转型

一　货币政策目标规则：单一目标、多重目标与内外均衡

如前文所述，在"大缓和"期间，越来越多的中央银行在制定货币政策方面一致认为，控制通货膨胀是极为关键的政策目标，对于调节经济周期具有不可替代的作用（Bernanke，2004）。欧美主要发达经济体央行基本形成了"单一目标、单一工具"的货币政策框架，单一目标即通货膨胀目标制，单一工具即利率调节。也即"价格型"货币政策操作框架。基本政策规则为泰勒规则，即货币政策通过盯住通胀预期来管理产区缺口，从而达到价格稳定和促进经济增长的目的（Arestis，2011）。

第四章　中国货币政策框架转型：有效目标、工具体系与传导机制 | **109**

　　但是2008年国际金融危机给单一目标货币政策体系带来了严重冲击，很多学者认为，过于单一的政策框架忽视了金融市场和金融中介的作用，货币政策反而没有体现出货币的真实作用（Rogoff，2010）。对于金融市场和金融中介的忽视自然导致了监管的缺失，以各类金融衍生品大发展为标志的金融创新层出不穷，在带来金融大繁荣的同时也为金融危机埋下了隐患。对于危机的理解和危机之前货币政策的反思，促使主流宏观经济学界重新审视单一目标体系的货币政策框架，他们认为金融中介和金融监管对于宏观经济运行具有非常重要的作用，因此盯住通货膨胀不应成为货币政策的唯一目标（Blanchard，2011）。故而，就业和金融稳定等目标重回主流货币政策框架体系，美联储在耶伦上台后更为重视就业问题（Yellen，2018），欧洲央行则在结构性货币政策逐渐退出后更加重视对于金融体系的宏观审慎监管。

　　可以看出，不管是单一目标，还是多重目标，货币政策始终要服务于宏观经济运行的特点和规律。对于货币政策而言，理论与实践同样重要，货币政策不能独立于经济现实而存在，更不能演变为抽象掉经济现实的纯理论推导。

　　同时，货币政策不仅要关注国内经济，还要关注外部经济；不仅要处理好内部均衡，还要积极应对外部均衡和内外部均衡协调问题。因为价格稳定的目标不仅包括国内价格，还包括国外价格，币值稳定除了通货膨胀目标还有汇率因素。在中央银行最终目标明确的情况下，资产负债表的严重错配仍然会导致大危机的出现。这表明，中央银行并不能任由汇率涨跌大幅地偏离中期均衡水平，2008年国际金融危机有效地印证了这一点（Ostry，Ghosh，Chamon，2012）。

从实践经验来看，在主要经济体央行以控制通货膨胀为目标的背景下，相对于忽略汇率变化，中央银行更应该对外部均衡问题做出积极反应。但是根据丁伯根法则，"多目标"必定要对应"多工具"。现有研究已经表明，在实行以控制通货膨胀为目标制的新兴市场经济体中，通常会在其利率反应函数中隐含地将汇率包括在内（Monhanty, Klau, 2005; Aizenman et al., 2008）。Garcia（2011）等提出了新的目标制度，即混合型的通胀目标制。对其进行模拟的结果表明，对于经济金融实力较强的发达经济体，在政策反应函数中包含进汇率的价值并不大；但对于新兴经济体而言，这种包含在一定程度上是较为重要的。

Benes（2012）也提出外汇对冲干预可以被看作是与泰勒规则相似的一种补充工具，通过影响金融部门投资组合的资产负债表，外汇对冲干预会对经济态势产生作用。Blanchard, Ariccia, Mauro（2013）则认为，如果中央银行想在政策目标组合中加入汇率，需要对这种组合的可行性进行审慎的考虑。因为在金融市场已经达到较高程度一体化的国家中，中央银行很难时刻控制住利率与汇率的稳定。另外，对于金融环境一体化程度较低，金融摩擦程度较高并且市场分割严重的经济体，货币政策加入汇率目标是可行的。

我国的货币政策目标一直都是多元的，不管是中国人民银行法中所规定的"保持货币币值的稳定，并以此促进经济增长"，还是传统的充分就业、价格稳定、经济增长和国际收支平衡四大目标，以及后来陆续被囊括进来的结构调整、金融改革、金融稳定等新的目标，我国的货币政策目标一直是在做加法。

究其原因，一方面在于中国经济发展阶段和转型时期的特殊性。中国长期保持两位数的经济增速，为全球增长的贡献一度超过30%。

在这一过程中,各种新旧问题相互叠加。为了保持经济运行的目标,宏观政策必须及时地做出反应。另一方面多目标的货币政策框架也与我国央行的运行体制和宏观经济管理体制有关。不管是从历史发展逻辑还是结构性改革规律来看,我国央行的运行体制都不同于美联储和欧洲央行,而美联储和欧洲央行本身也在运行模式和货币政策实施方面存在很大差异。

周小川(2013,2016)指出,单一目标制下维持价格稳定的框架固然有很大的合理性,但对于中国的现实而言却并不适用。中国货币政策多目标体系除了静态的传统的目标之外,还有动态调整的目标。中国央行的政策目标模型对于政策实施成本的考虑与政策收益同样重要。

此外,自2001年中国加入世界贸易组织之后,"出口—投资"驱动模式成为经济增长的主要特征。我国经济的对外开放度和依存度不断提高,由此带来的内外失衡也更加严重(刘元春,2015)。2008年危机之前的很长一段时间内,在全球失衡特别是贸易不平衡的大背景下,中国长期处于经常项目顺差之下,外汇占款对于货币投放影响很大,汇率不断承压,货币政策受到持续的外部冲击和干扰,导致内部失衡问题更加突出。在这种情况下,货币政策的多目标体系之间的协调难度也开始加大,货币政策更要面临与其他宏观政策、产业政策之间的协调,可以说是牵一发而动全身。

二 基于泰勒规则的货币政策有效目标模型构建

如果我们从静态的货币政策目标来考虑,物价稳定、经济增长、充分就业和国际收支平衡之间是有替代关系的。一般认为,我国的经济增长中基本隐含了充分就业的条件（陈彦斌等，2016）。因此，我们主要从物价稳定和经济增长这两个层面去考虑静态目标的设定，这样正好融入了泰勒规则的框架。但是，若同时考虑国际收支平衡这一目标，我们则要引入汇率因子。因此，我们主要从内部均衡角度去考虑进行建模回归，基于泰勒规则构造内部均衡的货币政策有效目标模型，然后再加入外部因素，从而分析和判断我国的多目标政策体系是否相容。基于上一章的分析，我们认为中国货币政策框架由数量型调控为主向价格型调控为主转变的过程中，数量型指标的有效性是在不断下降的，而价格型指标与金融体系和实体经济的联系越来越密切。同时，在价格型调控框架下，利率指标是一个关键因素。央行政策利率向市场利率的传导效果和市场利率作为中介目标的作用，直接决定了货币政策目标的实现程度。

因此，在泰勒规则的基础上（Bernanke，2008；Yellen，2014），参考伍戈和刘琨（2015）等人的研究，我们结合中国的实际情况，构造一个独特情境之下的货币政策对于内部均衡影响的函数。函数主要变量包括：经济总产出、利率水平、通货膨胀率、汇率等。如表4－1所示，产出指标用 GDP 增速、工业增加值和用电量进行综合对比表示，利率使用7天回购利率、3个月回购利率及3个月 SHIBOR 利率表示（图4－1），通胀指标选择 CPI 和剔除食品的 CPI 来表示。数据均使用月度数据，时间为2007年1月—2017年12月，数据来源为国家统计局和 Wind 数据库。在数据平稳的情况下，进行时间序列回归检验。

第四章 中国货币政策框架转型：有效目标、工具体系与传导机制

表 4-1　　　　　　　　　　建模数据选择

	样本区间	样本频率	指标选择	处理方式
利率	2007M1—2017M12	月度	7天回购利率、3个月回购利率及3个月SHIBOR	过往11年的日度数据按月加权平均
通胀	2007M1—2017M12	月度	CPI和剔除食品的CPI	
产出	2007M1—2017M12	月度	GDP增速、工业增加值增速及发电量	GDP季度数据通过线性拟合得到月度数据、发电量1—2月进行线性插值

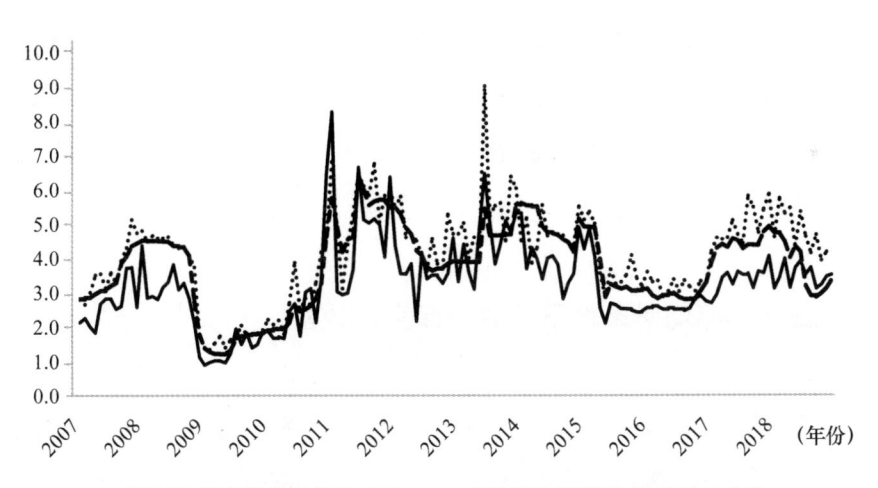

——银行间同业拆借加权利率：7天　……银行间同业拆借加权利率：3个月
－－－SHIBOR：3个月

图 4-1　SHIBOR 利率变化

资料来源：Wind 数据库。

我们分别选择产出缺口指标①、通胀指标和利率指标进行共线性检验，从表4-2我们可以看出三者的相关系数均小于0.5，因此可以进行线性回归。

表4-2　　　　　　　　　　　相关系数表

	GDP_GAP	CPI	SHIBOR_3M	REPO_7D
GDP_GAP	1.00	0.25	0.05	0.13
CPI	0.25	1.00	0.48	0.40
SHIBOR_3M	0.05	0.48	1.00	0.87
REPO_7D	0.13	0.40	0.87	1.00

为保证数据的经济含义不发生改变，我们采用OLS多元线性回归进行分析。从表4-2中我们已经看出共线性问题不明显，而我们在回归过程中会考虑各变量异方差的特性，并选择不同影响因子进行模型的稳健性检验。我们重点分析其中的经济学逻辑。

三　内部均衡条件下有效目标实证分析

如上所述，首先对不同变量采取不同的指标进行试验②，对比不同的回归结果，然后得到解释力最优的拟合方程。3个月回购利率、

---

① 数据处理过程为：GDP月度数据通过线性插值法经季度数据拟合得到，再使用HP滤波方法得到趋势值，同比增速值减去趋势值即得到产出缺口数据。工业增加值和发电量数据同样处理得到产出缺口。使用发电量数据得到产出缺口数据和工业增加值基本一致且拟合结果更优。

② 在利率指标中，引入滞后一期项来反映利率粘性，同时加入虚拟变量来表示2008年金融危机的冲击。

第四章　中国货币政策框架转型：有效目标、工具体系与传导机制

7 天回购利率、3 个月 SHIBOR 利率分别用 REPO_3M、REPO_7D 和 SHIBOR_3M 表示，变量名称中加后缀_SA 的是经过了季节调整之后的数据。CPI 同比增速和剔除了食品贡献后的 CPI 同比增速分别用 CPI_YOY 和 CPI_C_YOY 表示。GDP、工业增加值和发电量得出的产出缺口分别用 GDP_GAP、AVI_GAP 和 GC_GAP 表示。表 4 – 3 中的数值即为回归之后的变量系数和相应的标准差。*、**、*** 分别对应在 90%、95%、99% 的置信区间内拒绝 t 检验的显著性假设，即代表回归系数分别在 10%、5%、1% 的显著水平下显著。

表 4 – 3　　　　　　　　货币政策内部均衡反应函数

	方程1	方程2	方程3	方程4	方程5	方程6	方程7
被解释变量	REPO_3M_SA	REPO_7D_SA	SHIBOR_3M	SHIBOR_3M_SA			
样本时间	2007.1—2017.12						
解释变量							
被解释变量滞后1期项	0.831***	0.638***	0.872***	0.912***	0.902***	0.886***	0.886***
	0.038	0.065	0.031	0.028	0.027	0.028	0.027
通胀变量							
CPI_YOY					0.042***		
					0.013		
CPI_C_YOY	0.152***	0.200***	0.131***	0.105***		0.125***	0.120***
	0.042	0.059	0.035	0.031		0.031	0.031
产出变量							
GDP_GAP				0.079***			
				0.021			
AVI_GAP	0.010	-0.009	0.0202**		0.019***		0.018**
	0.010	0.015	0.008		0.007		0.007
CC_GAP						0.007**	
						0.003453	

续表

	方程1	方程2	方程3	方程4	方程5	方程6	方程7
DUMMY	-0.121	-0.24206*	-0.066302	-0.007979	-0.171***	-0.054	-0.058
	-0.122	0.128	0.069	0.060	0.064	0.060	0.060
c	0.539***	0.919***	0.341***	0.206**	0.313***	0.291***	0.299***
	0.150	0.203	0.110	0.098	0.099	0.098	0.097
R^2	0.913	0.726	0.942	0.958	0.954	0.955	0.956

表4-3 的结果表明,从拟合度方面来看,方程4 的拟合度最好,整体模型解释度达到 0.958,因此,确定拟合方程如下:

$$SHIBOR\_3M\_SA_t = 0.912 SHIBOR\_3M\_SA_{t-1} + 0.105 CPI\_C\_YOY_t + 0.079 GDP\_GAP_t - 0.008 DUMMY + 0.206$$

其中,SHIBOR_3M_Sat 表示第 t 期经过了季节调整之后的3个月 SHIBOR 利率,CPI_ C_ YOYt 表示第 t 期剔除食品贡献后的中国 CPI 同比增速,GDP_ GAPt 表示通过调整后的真实 GDP 同比增速计算得出的产出缺口。

系数结果表示,剔除食品 CPI 对3 个月 SHIBOR 利率的影响系数为 0.105。CPI 提升本质上是货币供应量增长造成的,当 CPI 同比增速提升,也意味着货币增发过快,此时央行一般会控制货币增速,将 CPI 控制在一个合理水平,此时必将导致货币供应增速受到控制,SHIBOR 利率也会相应提升。此外,真实 GDP 同比增速缺口对于3个月 SHIBOR 利率的影响系数为 0.079,这和利率是顺周期的理论是相一致的。当经济增速提升时,投资、消费均会同步提升,此时央行的货币政策供给一般滞后于真实经济的变化,这个政策时滞会导致利率的提升。在 2008 年金融危机期间,3 个月 SHIBOR 利率平均比非金融危机时低 0.008,影响力度不大,这和货币政策危机理论是一致的。

在金融危机时期，全球迎来了货币政策的大宽松环境，一方面央行需要提供充足的流动性稳定市场，控制危机的扩散；另一方面为了促进实体经济触底反弹，也需要营造一个宽松的货币环境，刺激企业投资和居民消费。

内部均衡条件下的中国货币政策有效目标模型和反应函数，基本刻画了当前中国央行为实现价格稳定、经济增长和充分就业的目标，使用价格型货币政策工具影响市场利率，进而调节流动性来达到内部均衡的模式。模型显示，中国货币政策多重目标与经济发展形势是相适应的。但上述模型还未包括货币政策应对外部均衡的反应情况。实际上，长期以来中国央行一直采取汇率政策来实现国际收支平衡的目标。对于一个开放型的经济大国，货币政策不可能只关注国内目标，而外部目标的加入更进一步增加了货币政策有效目标体系的复杂性，也对于内外部均衡协调提出了更高的要求。总而言之，复杂的"多目标"体系需要同样复杂的"多工具"体系来实现。

◇ 第二节 中国货币政策工具体系和传导机制转型调整

随着中国经济阶段性的变化，货币政策也在"紧缩""适度宽松""稳健""稳健中性"定位之间进行调整，并运用多种政策工具来实现数量或价格型的中间目标，进而达到货币政策最终目标。在这个过程中，中国人民银行的工作重点也在不断地调整，现阶段主要是将货币政策与宏观审慎相结合，逐步构建数量型调控为主向价格型调控为主转变的逆周期"双支柱"调控框架。通过回顾和分析中国货币政策调控工具及其内在机理，从中探寻更有效的实施机制规律，对推进我国货币政策理论研究和进一步完善政策实践都有重要的意义。

一 货币政策工具体系：历史沿革与创新实践

货币政策工具是中央银行为实现货币政策目标而采取的操作手段。从传统货币政策理论和实践来看，货币政策工具可以分为数量型工具和价格型工具两大类，两者分别对应的是直接型调控和间接型调控。数量型工具对应的中介目标在于调节货币供应量，而价格型工具则指向利率中介目标，通过政策利率影响市场利率变化和微观经济主体行为。西方主流货币政策理论在20世纪80年代"新共识"的基础上，已经形成了以泰勒规则为核心的操作框架，主要内容就是"一个目标"——通货膨胀、"一个工具"——基准利率。主要发达经济体根据这一理论框架，基本上在90年代都陆续完成了从数量型工具体系到价格型调控框架的转变，形成了政策目标简单清晰、中介目标明确、操作工具规范的货币政策操作体系。

中国货币政策框架由于"转型"的特点，政策工具体系也处在转型之中，表现为数量型和价格型的叠加，是一个复杂的多种手段并存的"工具箱"。前任央行行长周小川和现任行长易纲均不止一次地表示过"中国货币政策工具箱中有足够的政策工具可以运用"，这一方面说明央行的货币政策多工具体系与多目标体系是"匹配"的，另一方面也表明，"足够多"的政策工具之间的协调配合难度必然不小。

实际上，2003年修订的《中国人民银行法》第23条，就对中国人民银行为执行货币政策可以运用的政策工具做出了规定，包括"要求银行业金融机构按照规定的比例交存存款准备金、确定中央银行基准利率、为在中国人民银行开立账户的银行业金融机构办理再贴现、向商业银行提供贷款、在公开市场上买卖国债、其他政府债券和金融债券及外汇、国务院确定的其他货币政策工具"。长期以来，法定存款准备金率、再贴现和公开市场操作作为传统的货币政策三大工具，是中国货币政策工具箱的"标配"。

1984年，中国人民银行成为真正意义上的中央银行，因此真正意义上的货币政策也开始被纳入宏观调控体系。在1998年之前，人民银行主要采取信贷规模和现金计划控制等直接调控工具，再贴现业务也是作为信贷工具来使用，计划经济色彩浓厚。1998年取消贷款规模限制后，逐步采取市场化的机制和间接性调控手段，如存款准备金和公开市场操作。因此，也将货币政策工具分为一般性工具和选择性工具两大类，一般性工具指的就是1998年以后较多采用的公开市场操作、存款准备金和规范化的再贴现等间接型调控工具，而选择性工具则指的是1998年以后所较少采用的贷款规模控制、特种存款、对金融企业窗口指导等直接型调控工具。

2005年以后，利率市场化进程加快，价格型的货币政策工具使用频率也有所提高，针对M1、M2以及社会融资总量等中间目标，央行将数量型和价格型工具相结合，利率工具在其中发挥着越来越重要的作用，央行的常规政策工具箱得到了进一步的完善。

2013年以来，人民银行创设了一系列结构性货币政策工具，用以实现"定向支持"和"精准调控"的目标。这些结构性的货币政策工具主要包括定向降准、再贷款再贴现、常备借贷便利（SLF）、中期借贷便利（MLF）和定向中期借贷便利（TMLF）、抵押补充贷款（PSL）等。此外央行在政策沟通和前瞻指引方面也加大了力度，更加重视政策的透明度和市场反应。目前中国货币政策工具箱里一般性的政策工具便包含了这些常规工具和创新型工具，如表4-4所示。

表4-4 中国货币政策工具箱

货币政策工具	特点和作用对象	期限
公开市场业务（正、逆回购）	金融机构	7天/14天/21天/28天
存款准备金	商业银行	
再贴现	抵押物为商业票据	小于6个月
再贷款	"三农"、小微企业、扶贫	小于1年
存贷款基准利率	利率市场化	
常备借贷便利SLF	贴现窗口	隔夜/7天/1—3个月
中期借贷便利MLF	"三农"、小微企业	3月/6月/1年
抵押补充贷款PSL	政策性银行	3—5年
定向中期借贷便利TMLF	商业银行	1—3年

资料来源：中国人民银行。

在理想状态下，货币政策的数量型工具和价格型工具是同质的，因为货币数量的改变必定直接作用于价格调整，而价格变化也直接影响货币供应量的调整。因此，数量型货币政策工具和价格型货币政策工具的区分是相对的，两者的主要区别在于政策工具的传导机制不同，不同政策工具的有效性会出现差别，其主要影响因素是利率市场化的程度。中国货币政策工具体系的演变也正是反映了利率市场化的发展。新的创新型货币政策的实施，以及贷款市场报价利率（LPR）的改革，一方面是为了加速中国利率市场化进程，打造利率走廊；另一方面也是为了应对传统工具有效性下降和操作空间日益受限的困境。

二 货币政策传导机制：传统理论与中国问题

货币政策传导机制是货币政策调控框架的一个核心问题，长期以来一直受到货币政策理论研究的关注。自弗里德曼的货币数量理论提出以来，基于凯恩斯理论的货币政策工具传导效应有了新的发展。Bernanke & Blinder（1988）从传统的 IS－LM 模型出发，加入了金融市场的变量，强调银行对总货币量即对需求的影响和银行信贷对于经济总产出的影响，拓展了已有的 IS－LM 模型。货币政策传导路径为，央行的信贷政策通过调整存款准备金引起商业银行的放贷行为，商业银行信贷的变化进一步影响与之有业务往来的企业，进而影响企业的生产，最终形成对总产出的影响，整个过程就是"狭义信贷"传导渠道。

之后，随着凯恩斯理论与货币主义理论的融合，Bernanke & Gertler（1999）进一步从信贷过程中信息不对称对企业投融资过程中的资源错配问题出发，研究企业资产的错配对企业投资和借贷行为的影响。在纠正信息不对称的过程中，央行可以通过存款准备金率来改变市场的流动性，进而有效调控企业的现金流，最终影响企业行为，实现货币政策与宏观经济的互动。

随后，一些学者又将"狭义信贷"理论拓展至广义信贷理论，理论依据是真实经济周期理论的发展。广义信贷理论将新古典经济理论拓展至真实冲击因素对于经济波动的影响，认为传统的诸如影响价格变化的名义因素，相对于经济真实产出的影响是有限的。随着发达国家金融更加深入，也有不同学者从个人财富的视角和资产价格的视角来解释货币政策的传导机制，随后又加入了汇率因素来研究利率与汇率的关系和联动机制。

基于凯恩斯理论框架，利率机制主要受到供求关系的约束，央行采取紧缩性的货币政策必然会导致市场实际利率上升，利率的走高使得企业贷款的成本增加，企业在投资过程中必然会进一步考虑投资的收益率，收益率的降低使得投资减少，传导到总需求和总产出走低，最终引起经济产出的变化，如图4-2所示。此传导机制同样适用于耐用消费品如房地产等。在此过程中，利率变动引起经济波动的传导机制是基于利率由市场决定这个前提。只有在市场化程度较高的经济环境中，消费、生产、投资等行为对于价格的变化才具备足够弹性。

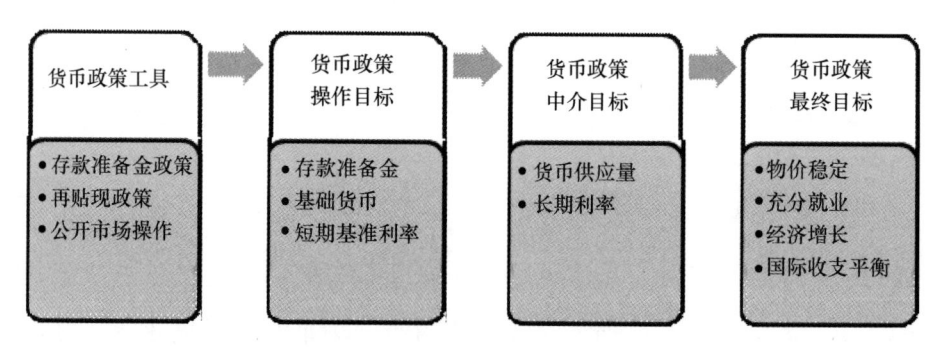

货币政策工具	货币政策操作目标	货币政策中介目标	货币政策最终目标
• 存款准备金政策 • 再贴现政策 • 公开市场操作	• 存款准备金 • 基础货币 • 短期基准利率	• 货币供应量 • 长期利率	• 物价稳定 • 充分就业 • 经济增长 • 国际收支平衡

图4-2 货币政策传导机制

资产价格传导机制分为托宾Q效应和消费者财富效应两种。如果托宾Q的值较高，意味着企业的股票价值相对高于其重置成本。当Q值小于1时，企业所有者倾向于通过在资本市场上进行收购来实现扩张；而当Q值大于1时，企业会改造新建工厂和设备更新，投资支出便会增加。因此，如果货币供应增加，使得资本市场上的股票价值上升，Q值便会相应升高，导致企业扩大投资，使得总产出增加。而相反地，如果政府采取紧缩的货币政策，流动性偏差引致股票价格下降进而使得托宾Q值下降，致使企业更愿意对现有设备进行维护而不愿意进行投资，最终影响社会的总产出。在财富效应方面，当货币供给降低时，消费者意识到拥有的货币减少，影响其消费意愿，进一步影响股票投资意愿。在股票市场上，由于投资意愿减少，需求的降低导致股票价格下降，进而影响到企业效益和经济产出。

汇率传导机制的作用前提是开放经济。汇率的上升致使本国货币的收益率提升，本国货币升值使得本国产品相对于国外的产品价格更高，由此导致的出口萎缩使得社会总产出减少。在国际市场化程度较高的情形下，汇率变化直接影响进出口商品价格，从而传导到贸易层面，影响本国总产出。

主流经济学认为货币政策传导的主要中介为金融市场，而根据金融市场是否完美的标准，可以将货币政策传导分为新古典和非新古典渠道两种机制。新古典渠道认为货币政策可以影响金融市场价格，进而传导到总产出变化。而非新古典渠道假设信息不对称，货币政策只能影响商业银行贷款，不能通过资产价格传导（Boivin, Kiley and Mishkin，2010）。具体如表4-5所示：

表4-5　　　　　　货币政策传导的新古典和非新古典渠道

	渠道	描述	政策模型应用
新古典渠道	利率/资本成本/托宾Q	短期政策利率影响消费者和企业的资本成本	DSGE模型和大规模计量模型中的标准要素
	财富效应	短期利率的变化影响贴现值和各种资产的托宾Q，这些资产值的变化影响了消费	DSGE模型的标准要素，但很难与跨期替代效应相区分，大规模计量模型中标准要素
	跨期替代	短期利率影响消费组合	DSGE模型的标准要素，但很难与跨期替代效应相区分
	汇率效应	短期政策利率通过非抵补利率平价或者资产组合效应影响汇率	大规模计量模型中的标准要素，在开放DSGE模型中常见

续表

	渠道	描述	政策模型应用
非新古典渠道	规制引发的信贷效应	对金融机构的限制（例如存款利率、信贷等）影响支出	包含在一些大规模计量模型中（例如，MPS模型）
	资产负债表渠道	资产价格效应影响企业或家庭的净财富和外部融资溢价	在大规模计量模型或者DSGE模型中没有显著体现
	银行贷款渠道	非对称信息导致企业贷款与债券的非代替性，影响企业贷款	在大规模计量模型或者DSGE模型中没有显著体现

资料来源：Boivin, Kiley and Mishkin (2010)。

在"新共识"的货币政策框架下，央行以通货膨胀目标值为货币政策目标，央行对通胀的预期决定了政策利率，通过公开市场操作等调节短期市场利率，进而通过金融市场传导至长端利率，影响实体经济（图4-3）。

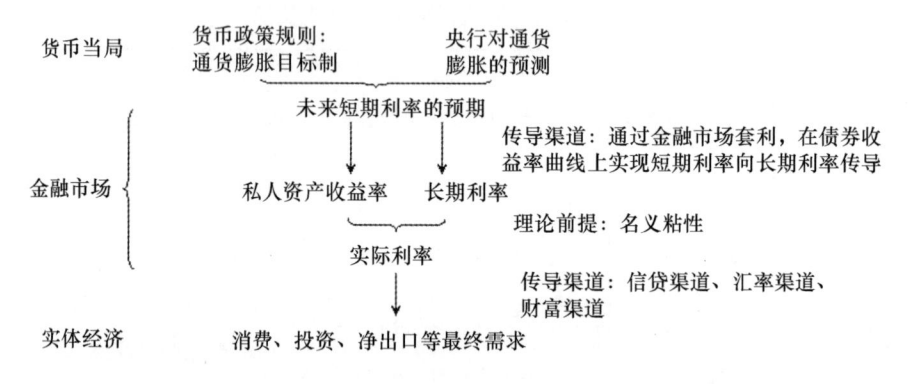

图4-3 "新共识"框架下的常规货币政策传导途径

资料来源：根据相关文献整理形成。

不同于常规货币政策，非常规货币政策不通过信贷渠道，而是通过直接购买长期债券进行传导。债券价格的上涨使得长期名义利率走低，引致实际利率跟随性的回落，从而导致投资增加和产出增加（图4-4）。

购买长债 → 债券价格上升 → 长期名义利率回落 → 实际利率回落 → 投资增加

图4-4 非常规货币政策传导途径

在价格型调控为主的新货币政策框架下，政策利率能否有效传导到市场利率，是实现货币政策调控目标的关键环节。当前在分析中国货币政策传导机制的问题方面，已有研究基本形成了一定的共识。具体而言，在体制性约束和市场条件限制的情况下，政策利率的传导效率会受到显著影响，传统的存贷比、贷款数量限制、存款准备金率、借款人软预算约束等制度性问题都会限制政策利率有效传导到市场利率，并作用到实体经济层面。

中国目前货币政策传导机制不畅的问题主要体现在，常规货币政策对实体经济的支持力度不明显。主要原因在于利率市场化进程还未完成，处在货币政策转型之中。从体制因素看，市场化的政策工具体系还处于建设之中，而金融市场发展却已经大步走在了前面，因此存在一定程度的"利率双轨制"。通过传统的降准降息等手段引导中长期利率，从而影响实体经济的效果递减，政策利率向市场利率传导的途径受限[①]（图4-5）。

同时，由于借款部门的预算软约束和刚性兑付问题，金融市场配

---

① 由于逆回购和SLO等政策工具期限较短，主要作用在于为市场补充短期流动性，2014年以来短端利率已明显下行，但是仍无法有效传导到长端利率和降低存款利率，导致中长期利率过高问题仍然存在。因此，有学者判断金融市场已经出现了"流动性陷阱"。

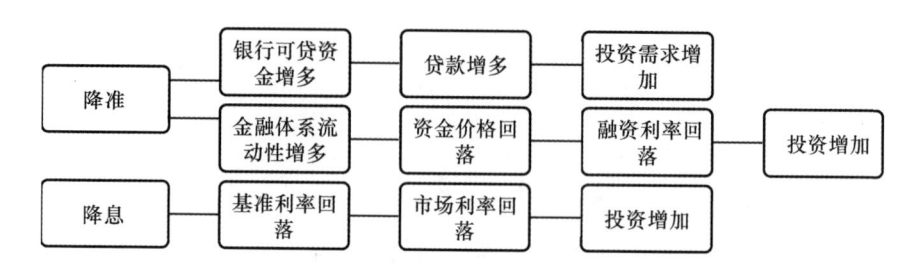

图 4-5 传统货币政策传导途径受阻

置资源的功能被削弱甚至扭曲，难以承担利率传导功能。从市场因素看，一方面，银行体系的信贷投放存在结构性问题，中小企业与大型国有企业相比议价能力较低，难以获得正常的信贷资源，导致"融资难、融资贵"的问题长期存在；另一方面，金融市场中的货币市场、证券市场和信贷市场相互割裂，不同金融产品的定价机制缺乏联动效应和协调配合，这自然影响了金融市场体系化的建设，因此经常出现货币和信用互相矛盾和传导不畅的问题。

特别是在宏观经济下行的阶段，以银行体系为核心的信贷机制更加收缩，传统货币政策如降准降息等措施释放出的流动性，更加难以进入到实体经济，只能在金融体系内空转，或是通过各类表外途径流向房地产市场，推高资产价格。由此导致整体市场风险偏好降低和风险溢价抬高，即使进一步释放流动性也无法降低实体经济融资成本。①

---

① 2013年6月20日，银行间隔夜拆放利率和回购利率均超过13%，隔夜回购利率创出30%的历史高点，出现"钱荒"。2015年影子银行资产增长30%，总量超过了53万亿元，相当于当年GDP的79%，在银行贷款和资产中的占比分别达到了58%和28%。均反映出银行体系的流动性传导出现问题。

第三节 中国货币政策创新型工具的操作机理与实施效果

2013年以来,人民银行为了提高货币政策的灵活性和主动性,不断对货币政策工具箱进行创新。在更加强调"稳健"和"定力"、不搞"大水漫灌"和短期刺激的基调下,相继实施了一系列结构性货币政策,致力于更好地调节流动性,疏通传导机制,进一步改善信贷结构,服务实体经济发展。一方面,调整和改进已有政策工具,实施差别准备金制度、定向降准、完善普惠金融实施机制、扩大宏观审慎评估(MPA)专项指标、增加再贴现和再贷款额度、调整支小再贷款利率及范围等;另一方面,围绕短中期利率和流动性调节,创设了一系列新型结构性工具,包括短期流动性调节(SLO)、常备借贷便利(SLF)、中期借贷便利(MLF)、定向中期借贷便利(TMLF)以及抵押补充贷款(PSL)等。

目前,这些创新的政策工具可以分为短端利率调节工具和中端利率调节工具两大类。其中短端利率调节工具主要是以短期流动性调节(SLO)以及常备借贷便利(SLF)为主[①],中端利率调节工具主要是

[①] 2017年1月,人民银行"为保障春节前现金投放的集中性需求,促进银行体系流动性和货币市场平稳运行",推出了"临时流动性便利"工具(Temporary Liquidity Facilities,TLF)。作为一种临时的短期流动性调节工具,主要目的是为在现金投放中占比高的几家大型商业银行提供临时流动性支持,TLF操作期限为28天,不需要抵押和质押品,资金成本与同期限公开市场操作利率大致相同。

以中期借贷便利（MLF）[①]以及抵押补充贷款（PSL）为主。短期流动性调节工具期限不超过7天，主要是针对符合条件的部分金融机构，以国债、票据、金融债、政府支持机构债券、银行债券为抵押。常备借贷便利针对政策性银行和商业银行，期限不超过3个月，主要是以债券类资产及优质信贷为抵押。中期借款便利主要针对部分政策性银行和商业银行，倾向于中期利率的引导，抵押品包括国债、央行票据、政策性金融债、高等级信用债等。抵押补充贷款主要应用于特定的领域，目的在于降低国民经济重点领域和重点行业的融资成本，抵押品包括高等级债券类资产和优质信贷资产等。2016年以来，中期借贷便利逐渐演变为人民银行的常态化操作工具，并且主要以一年期为主。不仅在流动性方面成为主要政策工具，而且通过中期利率的引导，在构建利率走廊和推进利率市场化方面也发挥了突出的作用。表4-6详细对比了四种创新型货币政策工具的基本内容和主要特点。

表4-6　　　　　　　　中国人民银行创新型货币政策比较

中文名称	短期流动性调节工具 SLO	常备借贷便利 SLF	中期借贷便利 MLF	抵押补充贷款 PSL
英文全称	Short-term Liquidity Operations	Standing Lending Facility	Mid-term Lending Facility	Pledged Supplementary Lending
推出时间	2013年初	2013年初	2014年10月	2014年7月

---

① 2018年12月，人民银行进一步"为改善小微企业和民营企业融资环境、加强金融对实体经济尤其是小微企业和民营企业等重点领域的支持力度"，在MLF的基础上创设了TMLF工具，即定向中期借贷便利，向特定领域定向提供中期基础货币，于2019年1月正式实施。TMLF的利率比MLF更加优惠，操作期限也为一年至三年。

续表

中文名称	短期流动性调节工具 SLO	常备借贷便利 SLF	中期借贷便利 MLF	抵押补充贷款 PSL
信息公开	滞后一个月通过《公开市场业务交易公告》披露	不即时公开,每季度公布前季度每月余额		不公开
参与机构	部分政策性银行和全国性商业银行	部分政策性银行和全国性商业银行	部分政策性银行和全国性商业银行	部分政策性银行
操作方式	央行主动操作超短期逆回购	金融机构发起,与央行一对一交易	央行定向发放	央行定向发放
操作期限	7天	1—3个月	3个月至1年,到期可展期或续贷	3—5年
抵押质押	债券	高信用评级的债券类资产和优质信贷资产	债券资产	债券资产、信贷资产
主要目的	基准利率引导,公开市场操作补充	短期利率引导	定向利率引导	定向支持

资料来源:中国人民银行。

一 短期流动性调节的作用机制及其效果

自2013年短期流动性调节工具(SLO)开始采用以来,其已成为央行重要的公开市场操作手段之一,是主流货币政策的有效补充,一定程度上弥补了市场的短期流动性不足。SLO主要是以7天期的金融工具为主,利用利率的市场化逐步进行操作,并根据实际情况对操作的时间、种类、期限等进行具体调整。作为短期政策工具的创新,

SLO不仅可以更好地调节短期资金需求，而且可以通过抑制突发性、季节性、周期性因素引致的资金需求变化，有效平抑市场波动和对冲市场风险。

央行通过短期流动性调节来管理7天以内超短期的货币供应和利率水平，提高了公开市场操作的灵活性和针对性。一般而言，公开市场操作和逆回购操作与存款准备金等工具对资金锁定的深度不同，故而对流动性的影响更具有直接性。从效果上看，短期流动性调节工具主要基于对市场的流动性监测，采取对冲操作，有利于在避免"大水漫灌"的同时熨平短期的经济波动。因此，随着短期流动性调节的不断运用，存款准备金工具的使用频率将逐步减少。

如图4-6所示，2013年10月人民银行创设短期流动性调节工具以来，到2017年共进行了30次操作，期限均在7天以内，累计投放流动性24980亿元，回笼流动性3500亿元。其中2013年操作10次，主要集中在10月、11月、12月，累计投放流动性7520亿元，回笼流动性2500亿元；2014年操作12次，主要集中在11月、12月，累计投放流动性10210亿元，回笼流动性1000亿元；2015年操作5次，主要集中在1月和8月，累计投放流动性5200亿元；2016年操作两次，都在1月，共投放流动性2050亿元。之后到2017年再无操作。

由于SLO、SLF、MLF、PSL等结构性货币政策的操作期限各不相同，在不同的利率期限结构水平下，各种结构性货币政策对短期和中长期利率也会产生影响。如图4-7所示，SLO是比7天逆回购操作期限更短的一种流动性调节工具，主要作为逆回购政策的补充使用，操作相对集中。在短期市场利率较高时，SLO的投放起到了缓和市场资金利率，稳定短期流动性水平的作用。

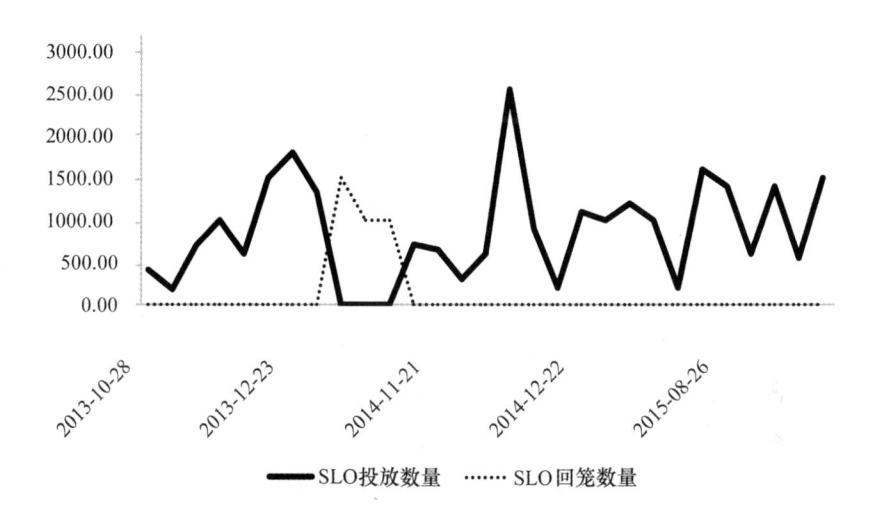

图4-6 中国人民银行短期流动性调节工具（SLO）操作汇总

（2013年10月—2016年1月）

资料来源：中国人民银行、Wind数据库。

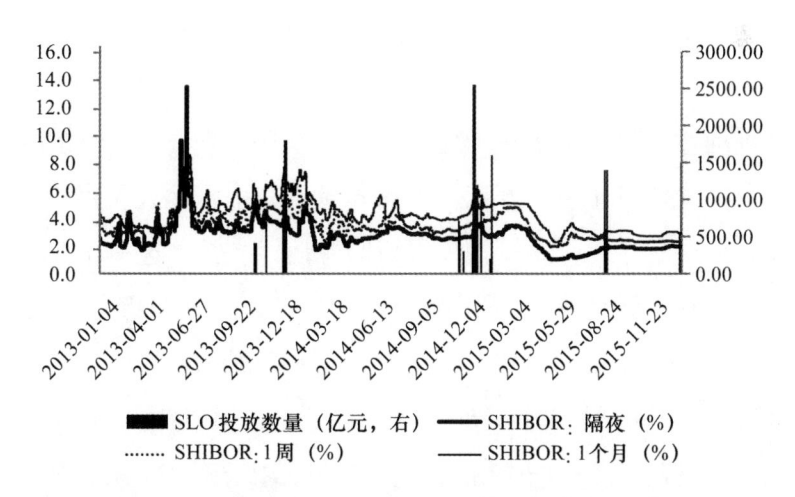

图4-7 短期流动性调节工具（SLO）对短期利率的影响

资料来源：中国人民银行、Wind数据库。

二 常备借贷便利的作用机制及其效果

常备借贷便利（SLF）是一项被各国央行普遍采用的非常规货币政策工具。常备借贷便利主要以防范银行系统的流动性风险和增加对货币市场利率的调控效力为主要目标，可以较好地解决特定金融机构流动性的问题，具有很强的针对性。但常备借贷便利实施的前提条件是金融机构以自身的优质资产作为抵押与央行进行交易，由金融机构主动申请，有可能会产生央行反应被动的问题。此外，在操作过程中央行与金融机构之间对于资产和市场流动性的信息不对称，是制约政策效果的一个重要因素。

自2013年初人民银行创设常备借贷便利工具（SLF）以来，2013年6月到2014年1月间累计发放额度较大，2013年6月末的余额曾达到年内最高的4160亿元。当时的短期操作旨在向市场投放流动性，平抑货币市场的大幅波动，曾一度被认为是"中国版的QE"操作。但在2013年9月后，根据金融机构的实际情况已逐步开始减量操作，收回此前通过SLF提供的流动性。同时，2014年1月人民银行在北京、江苏、深圳等十省市开展SLF操作试点，由当地人民银行分支机构向符合条件的中小金融机构提供短期流动性支持，进一步完善了对中小金融机构流动性供给的渠道。从2014年2月到2015年11月，除个别月份收回到期流动性外，人民银行均未开展SLF操作。

如图4-8所示，2015年11月重启SLF操作之后，2016年1月有一次较大的超过5000亿元的投放，并开始按照隔夜、7天和1个月的期限分别操作，但2016年主要还是集中在隔夜和7天的利率期限上。从2016年11月开始，逐渐增大1个月期限的投放额度，并减少

第四章 中国货币政策框架转型：有效目标、工具体系与传导机制 | **133**

隔夜期限操作。总体而言，在此之后 SLF 的操作较为频繁，且主要以 7 天和 1 个月的期限为主，但累计发放额度总体较为平稳，体现出更为稳健的趋势。

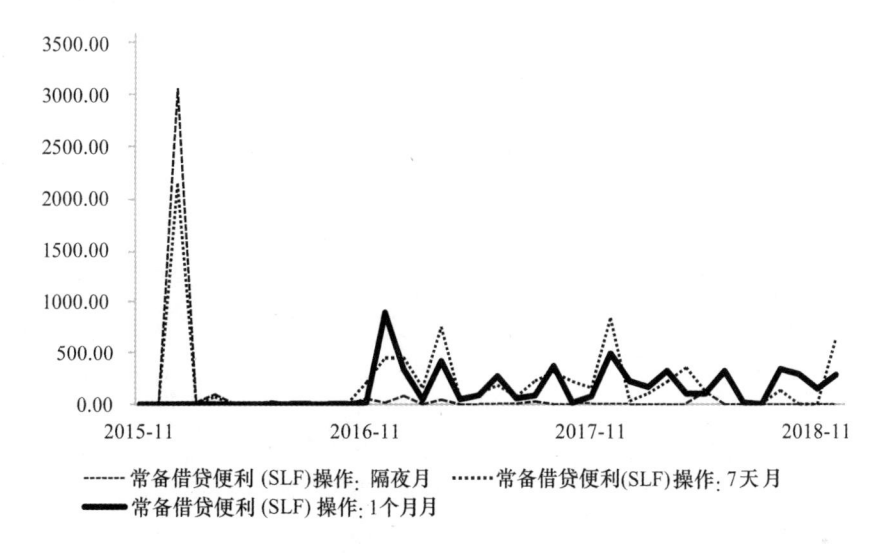

图 4-8 中国人民银行常备借贷便利（SLF）操作情况汇总
（2015 年 11 月—2018 年 12 月）

资料来源：中国人民银行、Wind 数据库。

常备借贷便利和中期借贷便利对于市场利率的影响更为复杂。一方面是通过不同期限的信贷投放来调节利率水平，另一方面 SLF 和 MLF 不同期限的操作利率，对于构建政策利率走廊有着直接作用。SLF 在实施过程中被人民银行有意识地与利率走廊挂钩，其短期利率水平一般认为代表了利率走廊的上限。从图 4-9 可以看出，SLF 的操作对于 SHIBOR 隔夜、7 天和 1 月的利率具有较为明显的指导作用。2016 年 9 月以来，SLF 的投放量和利率的提高导致 SHIBOR 利率上扬，市场短期利率水平与 SLF 操作利率趋势基本一致。

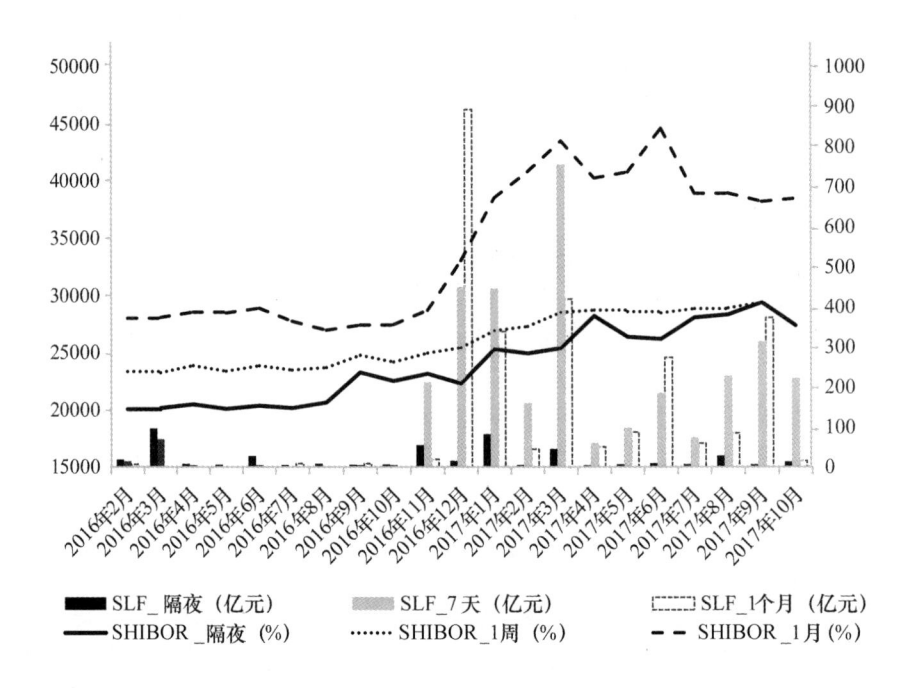

图 4-9 常备借贷便利（SLF）对短期利率的影响

资料来源：中国人民银行、Wind 数据库。

三 中期借贷便利的作用机制及其效果

中期借贷便利（MLF）的主要目的是向市场提供中期基础货币，其主要作用对象是部分商业银行和政策性银行。与常备借贷便利相同，中期借贷便利同样要求金融机构以优质资产作为质押获取贷款，作为央行和金融机构之间的交易，可以达到定向支持的目的。中期借贷便利的周期为 3 个月、6 个月和 1 年，到期后重新协商新的利率。金融机构可以根据新的利率决定是否需要续借，这使得其具有更好推进信贷业务、维持利率传导的延续性。在一般情况下，金融机构通过中期借贷便利可以更好地对冲"借短放长"的风险。

中期借贷便利推出的直接背景是在不搞"大水漫灌"的基础上，在基础货币投放结构发生转变的情况下，同时要缓解市场的流动性紧张。如图4-10所示，2010年以来M2和人民币贷款同比增速下滑较为明显，2016年以后M2和社会融资规模存量同比也出现下滑趋势。说明在"稳健中性"基调下，基础货币投放明显放缓，货币收紧的情况下市场流动性极度紧张，进一步影响到商业银行信贷和企业正常融资。

图4-10 M2、社会融资规模存量和人民币贷款同比增速变化

资料来源：中国人民银行、Wind 数据库。

如图4-11所示，2014年9月人民银行创设中期借贷便利以来，到2017年10月累计操作35次，基本上每月均有一次操作，2014年和2017年均是净投放，2015年和2016年是投放和收回同时操作。期限主要有3个月、6个月和1年期三种，3个月期限利率在2015年和2016年分别是3.5%和2.75%，6个月期限利率在2015年和2016年分别是 3.35% 和 2.85%，1 年期期限利率在 2016 年是 3%、2017 年从 3% 上涨到 3.1% 和 3.2%。截至 2017 年 10 月期末余额达到 44125 亿元。

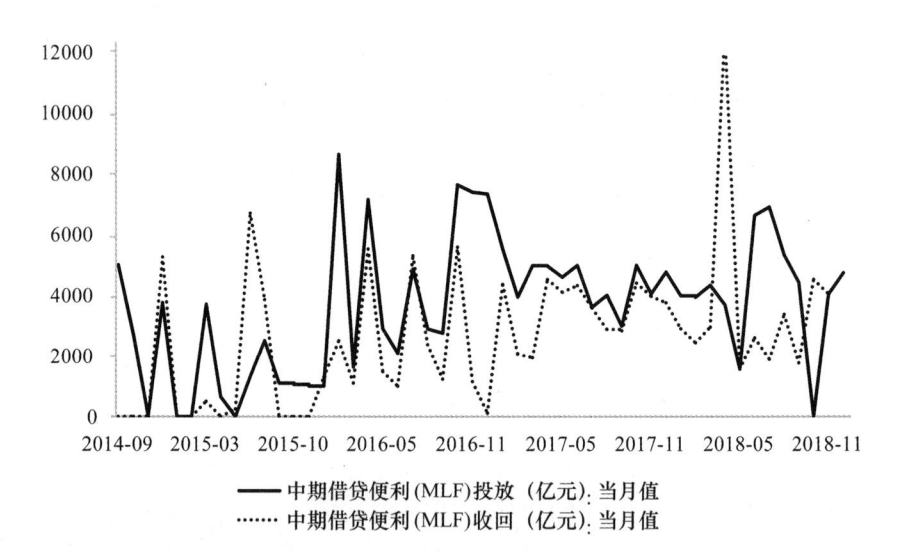

图 4-11 中国人民银行中期借贷便利（MLF）操作情况汇总
（2014 年 9 月—2018 年 11 月）

资料来源：中国人民银行、Wind 数据库。

MLF 作为重要的政策利率，是收益率曲线上的关键节点，对于中期利率的影响同样显著，对于调控长期市场利率也具有重要的导向作用。如图 4-12 所示，2016 年下半年以来，MLF 的 6 个月和 1 年期的操作利率将 SHIBOR 同期限利率抬高到相同的水平，2017 年的中期利率水平明显高于 2016 年。由此可见，SLF 和 MLF 对于短期利率和中期利率的引导作用还是比较显著的。而 SLF 和 MLF 之间也有所区别，SLF 主要是通过一对一抵押贷款来补充流动性，规模不大并且属于应急措施，而 MLF 不管是操作频率还是投放规模都远胜于 SLF，在

第四章　中国货币政策框架转型：有效目标、工具体系与传导机制 | **137**

2016 年和 2017 年成为基础货币投放的主要渠道，因此能够影响中期利率水平，并在稳定市场预期方面起到了积极效果。

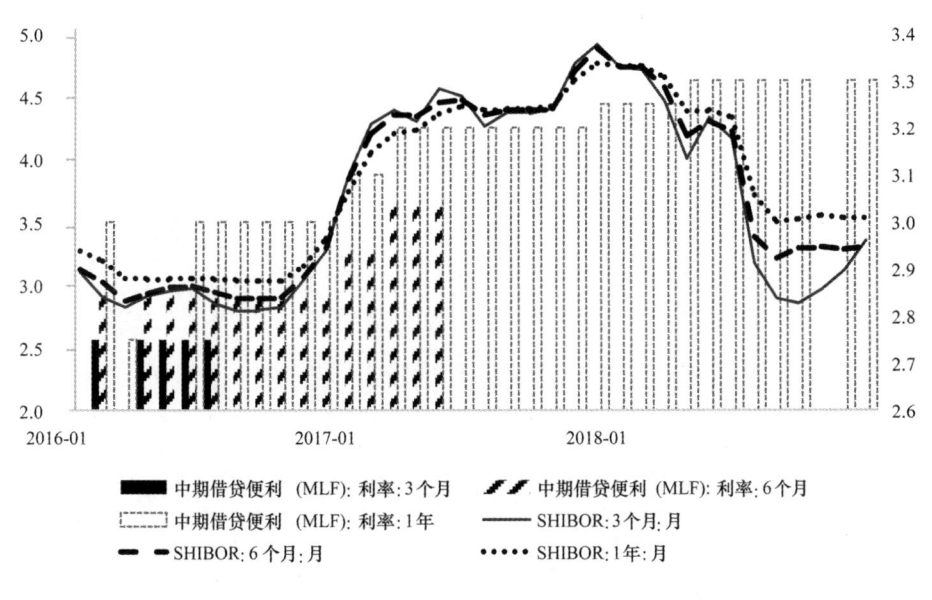

图 4-12　中期借贷便利（MLF）对中期利率的影响

资料来源：中国人民银行、Wind 数据库。

MLF 在推动利率市场化和引导贷款利率下行方面也起到了积极作用。2019 年 11 月 5 日，人民银行开展 1 年期 MLF 操作 4000 亿元，中标利率为 3.25%，较上期下降 5 个基点，为 2016 年 2 月以来首次下调。2019 年 8 月，人民银行改革完善贷款市场报价利率（LPR），将贷款基础利率与公开市场投放利率直接挂钩，有助于理顺银行体系市场化资金成本到贷款利率的传导渠道。改革后的 LPR 称为贷款市场报价利率，在更名的同时扩大了报价行的范围，增加了城商行、农商行、外资行和民营银行，提高了报价的代表性。增加了 5 年期利率期限品种，丰富了利率期限结构。在这一系列操作中，最重要的是 LPR

"换锚"，即在公开市场操作利率（目前主要指中期借贷便利 MLF）基础上加点形成。同时，MLF 利率—LPR—贷款利率的传导机制形成后，刚性推广 LPR 报价在商业银行贷款利率形成中的应用，确定其基准利率地位。

在过去十几年的利率市场化改革进程中，无论是出于自上而下的改革推动，还是自下而上的金融创新，商业银行负债端的构成已经出现了巨大的变化，同业资金、央行借款包括市场化定价的存款等项目，均已经与货币市场利率建立了清晰的联动关系。换言之，可以受到公开市场操作利率的有效引导。而正是由于这一点，LPR 与 MLF 利率挂钩，才能有效发挥从资金成本到贷款利率的传导作用。MLF 的引导作用是 LPR 效果发挥的关键起点。

作为 MLF 的补充机制，定向中期借贷便利（TMLF）进一步为金融机构扩大对民营和小微企业的信贷投放，提供了利率优惠的长期稳定资金来源。有助于解决银行资金期限错配的问题，促使利率向中长期传导。2019 年央行按季开展了三次定向中期借贷便利操作，到期后可根据金融机构需求续做两次。2019 年 9 月末 TMLF 余额为 8226 亿元。TMLF 创设之初便充分反映了结构调节的色彩，金融机构能否获得 TMLF 以及获得金额，与金融机构向民营企业、小微企业贷款增长情况挂钩。

相较于 TMLF 和定向降准，MLF 在调结构方面的作用相对逐渐弱化，其作为总量调节工具更具优势。但值得注意的是，货币政策一再强调"稳健"和"定力"，且当前我国信贷供给不对称、重点领域难以获得资金支持的形势仍然严峻，因此结构性政策工具相较于总量调节工具的需求更甚，未来 MLF 操作额度可能会进一步收缩。

四　抵押补充贷款的作用机制及其效果

抵押补充贷款（PSL）是针对政策性银行的货币投放工具，与针对商业银行信用再贷款的主要差异在于是否有抵押物，主要目的是为中央和地方的重点领域投资项目进行融资。抵押补充贷款的抵押品主要是合格的债券资产和信贷资产，期限主要是三年及三年以上周期，特定金融机构通过抵押以更低的成本来换取流动性。央行也借此调整借贷利率，并引导市场的中期利率走向，从而在长端利率方面进行调控。相较于国内外其他创新型货币政策工具，抵押补充贷款作为相对更为"精细"的调控工具，显著增强了结构性货币政策实施的主动性。

抵押补充贷款与再贷款的操作机制基本相似，但其具有抵押品的特性可以进一步降低风险，在某种程度上 PSL 可以看作是再贷款的升级版。这主要体现在，一方面 PSL 也是信贷投放工具，旨在增加特定领域流动性；另一方面人民银行也想将其作为引导中期政策利率的利率走廊构建工具，以实现在短期利率控制之外对中长期利率的引导。2014 年人民银行向国开行注入了为期 3 年的共 1 万亿元的 PSL，用于支持棚户区改造、保障房建设和"三农"及小微企业发展，在当时的经济环境下，如此规模的流动性释放也被认为是中国版的"量化宽松"。如图 4-13 所示，2015 年下半年 PSL 期末余额总量增加不多，2016 年上半年有多次大额贷款投放，随后整体趋于下降，保持在收紧的水平，操作利率从 2014 年 9 月的 4.5% 一直下降到 2.75%。

PSL 作为政策性金融机构支持实体经济的工具，在 2019 年连续 5 个月零投放之后于 9 月重启，且期末余额持续净增长。2019 年 11 月，人民银行对国家开发银行、中国进出口银行、中国农业发展银行净增

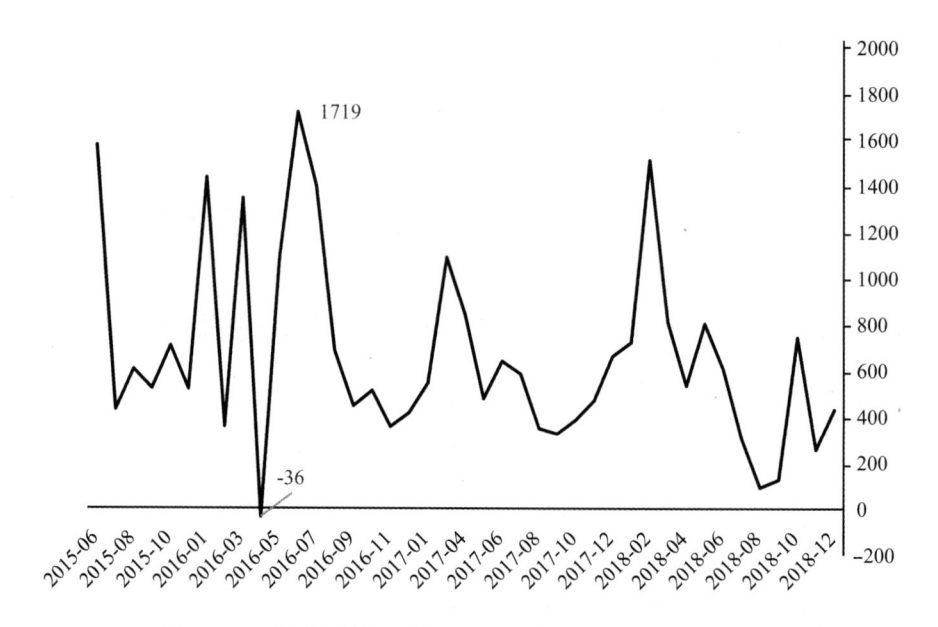

图 4-13　中国人民银行抵押补充贷款（PSL）操作情况汇总
（2015 年 6 月—2018 年 12 月）

资料来源：中国人民银行、Wind 数据库。

加抵押补充贷款 48 亿元。2019 年 12 月净收回 605 亿元，期末抵押补充贷款余额为 35374 亿元。

◇ 第四节　有效目标体系下的货币政策操作新特征

从历史上国内外的金融系统发展经验来看，金融风险的暴露无不是宏观层面和微观层面相互作用的结果。当市场过于乐观的时候很容易进入"明斯基时刻"，进一步出现衰退与悲观的循环（Minsky，2010）。在增长放缓的大背景下，央行基于转型时期的主体任务，以支持实体经济发展为最终目标，以保持经济体系流动性合理充裕为抓手,以维护金融体系不发生系统性风险为前提,采取逆周期调节方式,创新性地对货币政策工具箱进行了调整和完善。

央行的"一篮子"货币政策工具通过直接与间接、主动与被动、定向与非定向的方式,在金融监管、金融市场和企业微观主体等层面形成了多层次的政策搭配和补充。与此同时,高质量发展、供给侧结构性改革和三大攻坚战等国家层面的战略目标,也为央行继续维持金融系统稳中求进的工作总基调、实施货币政策和推动货币政策框架转型提出了新任务和新要求。

一 外汇占款和流动性变化改变央行货币调控方式

随着中国经济进入新常态,中美贸易摩擦的不断演变,国内国外的环境都发生了很大的变化,中国经济也由粗放型发展模式逐步向集约型转变。在贸易冲突升级和国际贸易前景不明朗的外部环境制约下,外汇占款逐步降低,基础货币投放结构产生根本性的变化。

2011年中国经常账户顺差占国民生产总值的比重已经在4%左右徘徊,资金呈现双边流动的趋势。在外汇储备方面,自2014年6月达到4万亿元的阶段性新高后,经常账户一直保持逆差的状态。在这样的情况下,央行已经摒弃原有常态化干预外汇市场的模式。2015年,我国的外汇占款存量开始出现持续下降,月均下滑幅度超过1%,而且随后下滑趋势进一步扩大。资本的快速流动甚至外流加剧,使得内外均衡目标之间的冲突也进一步凸显,不仅对人民币汇率形成冲击,也影响到金融市场稳定和国内货币政策实施。

在2013年之前,外汇占款一直是中国基础货币供给的主要渠道,但新增外汇占款趋势性下降,使原有的货币供应机制遇到困境。为应对流动性缺口危机，2015年央行多次降准和降息，以保持整体流动性合理充裕并引导市场融资成本下降。① 这也是央行开始实施短期流动性调节、常备借贷便利等一系列结构性货币政策的重要背景。但是，由于人民币升值预期仍然存在，外汇占款依然是基础货币投放的重要渠道。

央行最初创设MLF、SLO、SLF等新型结构性货币政策工具的主要目的，是作为基础货币投放渠道对冲外汇占款收缩、满足多维度流动性需求。随着货币政策定位的转变和结构调整的需要，其"结构性"功能逐渐加强。早期，央行希望通过MLF操作，引导金融机构加大对小微企业和"三农"等重点领域和薄弱环节的支持力度。随后在2018年中，央行扩容MLF担保品，将优质的绿色债券、绿色贷款、小微企业贷款等纳入其中。虽然在一定程度上强化了MLF的结构调节作用，但仍未抹去其浓重的总量调节色彩。加之我国利率市场化程度不高、多渠道融资的金融市场发展不成熟、银行信用风险评估机制不完善等原因，小微、民营企业以及关乎国民经济发展的重点领域和行业难以获得有效资金支持，MLF的市场化困境更加显现出来。因此，如何做好创新型货币政策调控与传统货币投放机制的配合协调，以实现流动性管理和维持经济增长的目标，是未来理论和实践层面的重要命题。

二 公开市场操作与利率走廊共同构建价格调控模式

一般认为，在利率市场化条件下，央行为实现合适的市场利率目

---

① 2015年分别下调了四次存款准备金率（累计下调幅度2.5个百分点）和五次存贷款基准利率（分别累计下调1个百分点和1.25个百分点），是其中操作相对频繁的时期。

标区间，需要通过公开市场操作和利率走廊模式，引导政策利率向市场基准利率传导。在短端利率和长端利率的合理期限结构下，疏通货币政策传导机制，对实体经济进行间接调控。这两种调控模式分别以美联储和欧洲央行为代表。美联储20世纪90年代在确定调控目标为联邦基金市场利率之后，就主要采取公开市场操作的模式调控利率，从而形成各种市场利率；欧洲央行则通过构建利率走廊为商业银行提供存贷款便利机制，调控市场利率。[①]

利率走廊模式的出发点，在于将基础货币数量和银行间市场利率之间的关系不断弱化，针对当前中国基础货币供给数量变动剧烈和不稳定预期的问题，采取利率走廊模式可能是央行货币调控的最优选择。当前，中国货币政策框架正处在以数量型调控为主向价格型调控为主的转型期，央行致力于构造"利率走廊"机制，逐步完善以利率市场化为基础的价格型调控体系。"十三五"规划中提出了"完善货币政策操作目标、调控框架和传导机制，构建目标利率和利率走廊机制，推动货币政策由数量型为主向价格型为主转变"的基本思路。可见，利率走廊机制是利率市场化改革和价格型货币政策转型的关键环节。

对中国而言，央行在长期货币供给中所实施的法定、超额准备金率和再贷款、再贴现利率等传统价格工具，一定程度上构建了类似"利率走廊"的利率调控体系。在存贷款利率全部放开之后，利率市场化还包括货币政策体系逐步从数量调控型向价格调控型转变，进一步完善利率传导机制以及发展利率风险管理工具等必要的金融基础设施，这些都不能脱离基准利率体系的建设（周小川，2013）。

---

① 除欧洲央行外，英国、澳大利亚、新西兰和加拿大等国也采取利率走廊模式，但在实施框架和操作幅度等方面也存在不同差异。

随着 2013 年以来央行陆续实施 MLF 和 SLF 等新型货币政策工具，货币当局意图构建市场利率上下限的目的已经较为明显。目前，利率走廊的上下限分别为 SLF 利率和超额存款准备金利率。同时，MLF 利率和逆回购利率在构建中期利率方面发挥了积极作用，利率走廊的幅度因此而收窄，更加具有可操作性。正是由于结构性货币政策工具的逐步实施，我国的政策利率框架也得到了完善，基于基准利率体系的价格调控模式也具备了更加坚实的基础。如图 4-14 所示，除了 SLF 试图打造成为利率上限外，DR007 也就是银行间 7 天回购利率也很重要，巨额的交易量使其对整个市场利率产生重要影响（易纲，2018）。

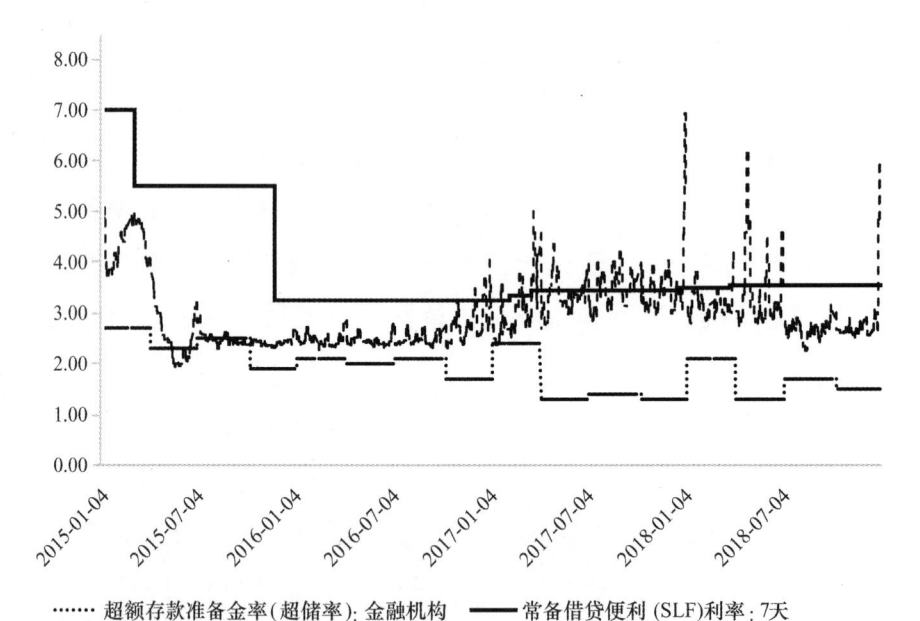

...... 超额存款准备金率（超储率）：金融机构 —— 常备借贷便利（SLF）利率：7天
--- 银行间质押式回购加权利率：7天

图 4-14 中国"利率走廊"构建

资料来源：中国人民银行、Wind 数据库。

三 "非常规"货币政策的"常规"操作

2008年金融危机爆发后，传统货币政策有效性不断下降，"新共识"货币政策框架遭到了主流宏观经济学界的批判。创新型的结构性货币政策演进与危机后货币政策理论新发展密切相关，同时其实践发展也进一步丰富了货币政策的理论内涵和逻辑框架。危机之后，欧美发达国家实施的结构性的非常规货币政策旨在缓解市场流动性紧缩，恢复金融市场功能，属于危机救助手段。而中国所实施的结构性货币政策，则是定位于针对特定领域的实体经济结构性矛盾，是主动的定向调控机制。

实际上，2013年以来中国人民银行已极少使用存款准备金和利率政策等传统的总量型货币政策工具，货币政策基本保持"稳健中性"的总基调。图4-15和图4-16的SHIBOR利率变化清晰地反映了2013年至2017年间市场利率水平变化的情况，2013年和2014年短期利率波动幅度相对较大，长期利率则保持平稳，2015年和2016年短期利率和长期利率均保持平滑态势，2017年长期利率有所上升而短期利率没有明显波动。

可见，在"稳健"货币政策的背景下，"非常规"的结构性货币政策在稳定市场流动性、构建利率走廊、引导市场利率和支持实体经济，特别是定向支持"三农"和小微企业发展等方面起到了积极作用。首先，短期利率和长期利率均保持平滑态势，显示出结构性货币政策在稳定市场价格方面的有效性；其次，在传统总量型货币政策效果不显著的情况下，结构性货币政策的推出为保证市场合理充裕的流动性提供了多重保障；再次，在利率市场化进程的关键期，降准降息

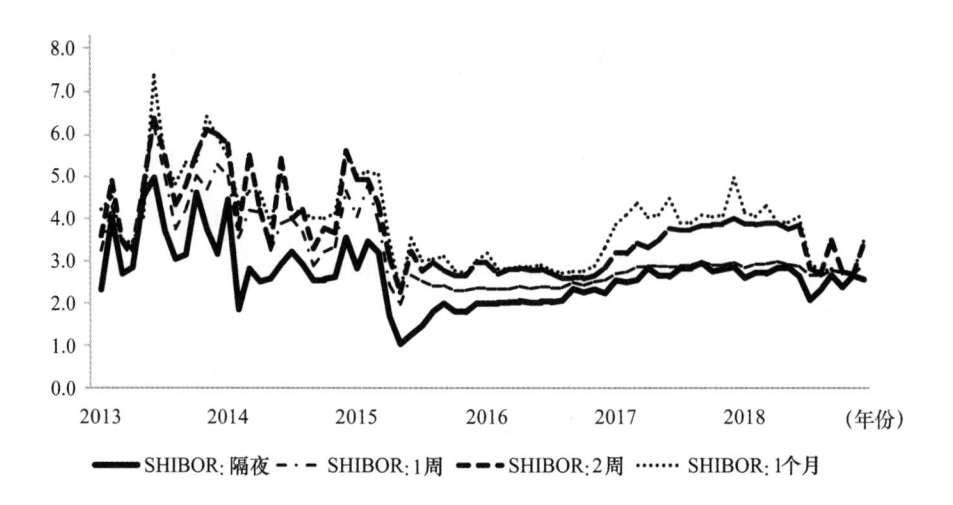

图 4-15 短期 SHIBOR 利率变化情况（%）

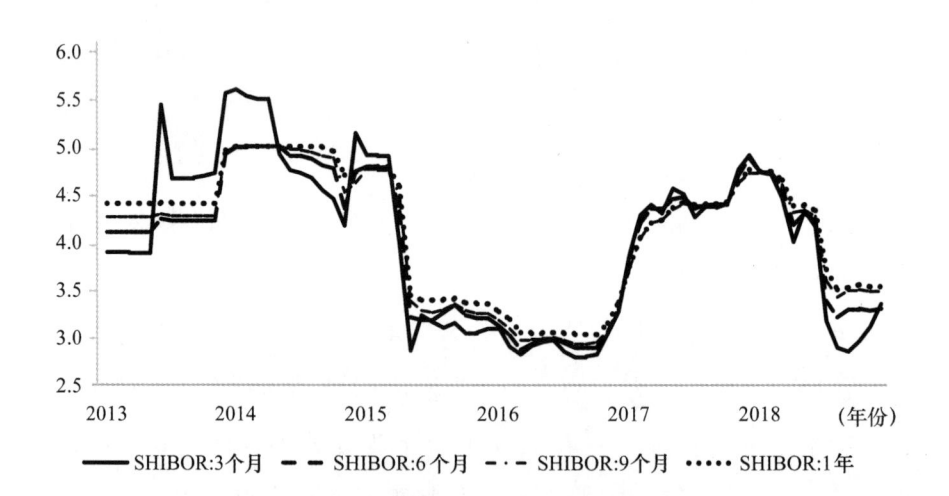

图 4-16 中长期 SHIBOR 利率变化情况（%）

资料来源：中国人民银行、Wind 数据库。

等措施受限的情况下，不同期限结构的创新型货币政策为稳定市场利率、构建"利率走廊"提供了操作基础；最后，在服务实体经济方面，结构性货币政策的"定向"机制为支持"三农"和小微企业发展、推动普惠金融也起到了明显效果。

以小微企业贷款为例，从政策实施效果来看，2019年前三个季度小微企业贷款出现明显增长，信贷支持的小微企业户数持续增加，信用贷款占比持续提高。2019年第三季度末，小微贷款余额36.39万亿元，同比增长10.12%。2019年1—10月，新发放普惠型小微企业贷款平均利率6.76%，比2018年平均水平下降0.64个百分点。根据数据和调研情况，不管是从信贷规模、信贷结构还是贷款成本角度看，民营小微企业融资难、融资贵的问题都得到了一定程度的改善。

中国货币政策手段其实是一个复杂的综合体，有数量型也有价格型，有总量型也有结构型，有常规也有非常规，现在的总体基调是由数量型逐渐向价格型转变。由于中国货币政策目标的多重性，货币政策工具的使用实际上无法区分常规还是非常规，被发达国家货币当局当作是非常规货币政策的在中国可能已经是"常规"操作了。

因此，中国的结构性货币政策与发达国家结构性货币政策有着本质的不同。最主要的就体现在，发达国家的结构性货币政策更多的是危机救助手段，是非常规的，达到预期效果后就要适时退出。而中国的结构性货币政策本质上还是传统货币信贷政策的延续，不同之处在于不搞"大水漫灌"的货币环境下，传统的信贷政策进行了全面升级，升级的目的主要是要解决结构性的问题，同时还要兼顾流动性压力。于是，结构性货币政策逐渐成为常规政策工具，大有成为当前中国货币政策体系的"主力军"之势。

四 结构性货币政策的结构困境与改进机制

中国结构性货币政策的实践不仅完善了央行的货币政策工具箱，也为货币政策理论发展提供了新的视角和经验。但是，结构性货币政策在实施过程中本身也面临很多结构性的问题，这些问题不仅来源于货币政策本身的结构性矛盾，也来源于银行体系和实体经济层面的结构分化所导致的多元目标与工具不匹配。因此，不仅需要在"新稳健"的货币政策框架下对结构性货币政策进行灵活调整，还需要站在金融中介的角度对银行体系不同结构、不同层面的问题进行优化。更为重要的是，必须针对实体经济的主要矛盾点，以问题为导向，在精准施策的同时也要精准改革，从体制机制上破除制约结构性货币政策发挥效力的桎梏，通过"几家抬"政策合力，实现激励相容的长效机制。

一方面，结构性货币政策在稳定市场流动性、构建利率走廊、引导市场利率和支持实体经济发展等方面起到了积极作用，为"新常态"下中国经济稳定，营造了良好的货币环境。但另一方面，结构性货币政策的长期效果还需要进一步评估，结构性货币政策在"背离"总量型货币政策的这条路上还能走多远？货币政策毕竟不是财政政策和产业政策，过多地强调结构性和定向性，使得货币政策与其他政策协调难度加大。

同时，结构性货币政策本身也存在一定问题。以 MLF 为例，作为一项极具代表性的结构性货币政策，MLF 从 2015 年以来逐渐成为央行提供中期基础货币的一个主要渠道，并且肩负起引导中期利率的责任，某种程度上成了降准等常规政策的替代品。但是，在操

第四章 中国货币政策框架转型：有效目标、工具体系与传导机制

作过程中 MLF 本身存在结构性问题和市场化缺陷，难以有效解决流动性分层和引导长期利率下行的问题。并且，MLF 的政策目标过于多元与 MLF 的政策手段过于单一之间本身就存在矛盾，如果没有其他改革措施的配套和整体协调，只希望通过 MLF 调整和 LPR 改革来推动信贷结构调整、流动性改善和利率市场化等多重目标很难实现。

一些学者的研究表明，随着 MLF 规模的扩大，央行对符合要求的银行持续提供了便利、低成本的流动性支持。但是这些银行在获得资金后，更倾向于开展投资类业务，而非直接将资金用于贷款。在投资类业务中，随着银行向央行借款占比的提高，债券类投资占比显著增加，而债券类投资既包括国债等符合新型货币政策工具的合格抵押品，也包括从其他金融机构购买的同业存单。这意味着部分商业银行在获得 MLF 提供的流动性支持后，并未直接将资金注入实体经济中，而是购买了符合抵押品要求的高评级债券，希冀再次获得央行资金支持。并且央行对于中期借贷便利所释放的资金还缺少有效的跟踪监管途径，也未针对贷款业务的开展设计结构性的考核标准，这使得商业银行的监管套利问题凸显，货币政策在传导过程中的力度被削弱。

结构性货币政策在错综复杂的经济形势下面临诸多两难选择，如果单兵作战，不仅不能实现政策预期，还有可能造成负面影响。目前，货币政策"几家抬"已经形成共识，人民银行设计了针对民企融资困境的信贷、债券、股权"三支箭"，在此基础上，还需要财政、工商、金融监管等部门在不同环节进一步强化政策合力，实现政策统筹协调，切实降低商业银行运营成本、降低企业负担、优化市场营商环境和降低制度性交易成本。比如，监管部门和地方政府主导推动，

协调金融机构和社会资本投资民营企业，鼓励金融机构开发股权债权类产品吸引长期投资者参与等。

因此，建议货币当局首先要考虑和研究未来结构性货币政策是否可持续和常态化的问题，包括力度、规模、操作框架、退出机制等；其次要着力解决操作过程中的"结构性"扭曲和"定向依赖"的负面作用，正确处理结构性货币政策"干预市场"的冲突，关注货币政策当局和金融机构之间的目标冲突所导致的政策实施效果不理想的问题，减少选择性信贷宽松对于央行资产负债表的影响；最后，虽然货币政策由央行负责，但是实体经济的结构调整问题并非央行能独立解决，因此短期局面下，货币政策当局应构建与传统货币政策、宏观审慎监管、财政政策等激励相容的定向调控框架，特别是差别化信贷、定向降准等政策中，要采取必要的配套措施，以降低政策传导的不确定性。更为重要的是，财政政策要进一步发力，坚持有针对性地继续给企业减税降费，直接降低企业成本，改善企业经营预期，从需求端真正激发微观市场主体活力。

第 五 章

货币政策与宏观审慎政策"双支柱"：
体系构建与协调分析

随着中国内部经济结构转型升级和外部经济环境不确定性加大，中国经济"新常态"也走向新的阶段。中国经济越来越面临着生产率不断下降、杠杆率不断上升、宏观经济政策空间明显收缩的"风险三角"困境（黄益平，2016）。在这种困境下，如何建立起适合中国经济转型的货币政策与宏观审慎政策"双支柱"调控体系，是中国货币政策框架转型中一个至关重要的问题。因此，本章从金融顺周期等理论出发，结合国内外实践经验，分析目前货币政策的困局、货币政策和宏观审慎体系的关系，以及在"双支柱"体系下，货币政策在具体执行过程中如何与宏观审慎政策有效协调等相关问题。

◇ 第一节 金融创新和金融监管对货币
政策传导的影响

近年来随着金融创新产品和服务的不断推出，如何让金融回归本源，更好地满足企业和市场的需求，进一步促进实体经济发展，已成为亟待解决的问题。本节从顺周期及跨市场风险传染视角，研究金融创新各种因素对货币政策传导和操作框架的影响，以期进一步认识金融监管的重要性。

一 顺周期对货币政策的影响

顺周期性（Procyclicality）指的金融变量在经济周期中围绕趋势值波动的情形（Crockett，1996）。在这个过程中，顺周期性增强反映的是波动的幅度扩大。同时，金融部门与实体部门之间受到了货币乘数效应、财富效应、托宾 Q 效应等因素的影响而加快了经济的波动，反过来又会对金融市场产生冲击。

自 2008 年金融危机爆发以来，顺周期越来越受到学术界的重视。特别是金融周期理论的发展，使得对于信贷和房地产价格的交互影响、进而导致金融系统自我强化的相关研究迅速发展。越来越多的金融机构和国际组织希望采取审慎的态度，来降低实体经济与金融系统之间的顺周期影响。旨在稳定物价和避免经济大幅波动的中央银行在货币政策工具之外，不断将政策范围扩展到宏观管理范畴，以构建更加完备的政策调控机制。目前我国的顺周期问题主要来源于经济和金融机构间不匹配和相互掣肘的矛盾。这种矛盾在房地产行业体现得尤为明显，其发展影响到实体经济的消费、物价以及金融体系的财富效应，成为央行货币政策与宏观审慎政策之间协调的关键因素。因此，货币当局在制定政策的过程中，只能遵循价格稳定和金融稳定的代价最小的原则，不断平衡经济和金融的关系，优化金融资源配置，逐步调控总供给和总需求，用最优势的资源集中解决某些行业或某些节点的关键问题。

第五章 货币政策与宏观审慎政策"双支柱":体系构建与协调分析

金融体系是由一系列的影响因素和交易个体相互交易所产生的复杂系统,因此现实之中金融体系的变化是不可预测的。在整个金融体系受到冲击以后,资产价格的变化与金融因素的调整模式,很有可能出现各种极端异常的波动,在变化过程中也不可能和理论研究一样呈现线性连续的特征,而更多的是呈现非线性和不连续的波动(McCallum, 2001)。一旦金融体系出现非线性波动,变化趋势偏离理论预测,"黑天鹅"和"灰犀牛"现象就会出现,各种因素在多重信息的干扰下,会通过创新及套利行为冲击现有的监管结构和制度框架。金融系统的复杂性还体现在,随时受到行为主体的影响,从而呈现出非理性行为和"羊群效应"的特征。

因此,顺周期性的各因素之间在金融体系实际运行过程中,存在表征界限模糊和互相制约。导致难以有效区分各因素的影响和冲击,无法对隐含的变量进行明确的界定和识别,会显著增加监管机构的监管难度。一般来说,彼此定义之间界限相对模糊的,是顺周期性里面所谓的累计性偏离均衡值、趋势变动以及与趋势自身波动无关的因素,也包括以趋势值为衡量指数而产生的非均衡变化。监管机构需要判断什么情况是趋势本身的变化,而什么情况又是下一个累计过程的开始。在此前提下,解决顺周期性的最好办法,是通过研究具体的偏离是由什么机制造成的、怎样的分叉造成整个体系永久性地偏离已有路径,以及是什么原因导致趋势本身会在短期或中期内受到影响,来实现非均衡调整的目标(Mishkin, 2010)。

关于金融顺周期性的成因,主要有以下几种解释:

一是金融自由化放大了金融顺周期效应。一些学者利用金融加速器理论对金融顺周期效应的机制进行研究发现,金融机构具有利用顺周期性来扩大收益的倾向。① 与此相联系的是"资产负债表效应",即附属担保品的价值随着经济周期的变动而产生波动。如果附属担保品的价值上升,借贷方更愿意采取扩张信贷的方式。相反,当附属担保品的价值下降,借贷方的借贷意愿降低,正反向的过程都强化了顺周期的杠杆作用。Goodhart et al.(2004)从开放经济体资本跨国流动的视角来分析资本流动对于信贷的影响,认为在金融体系与国际接轨的过程中金融管制必然有所松动,金融机构的信贷供给和存款需求必然与外部的环境相适应。因此,在这个过程中,当经济处于上升周期的时候,大量存款和贷款出现增长。而在金融体系开放前,信贷配置完全由政府决定。因此,金融开放过程增加了金融顺周期性。

二是金融监管增强了金融顺周期效应。较强的金融监管提升了金融机构更倾向于进行顺周期操作的动机。在经济形势不好的情况下,监管者更倾向于采取严监管措施,以降低银行的资产负债率。在经济景气的情况下,政府更倾向于采取放任自流的政策,导致银行扩大信贷规模,进一步加速了顺周期效应。Allen & Saunders(2004)的研究表明,较强的金融监管会出现反作用,会增强经济波动,从而不利于宏观经济的健康发展。在顺周期的作用下,金融机构采取乐观的操作,更容易存在操作失误从而引起不必要的损失,最终会传导到金融市场,引起投资者和民众的恐慌。在市场低迷的情况下,这种风险更易被放大,因此银行必须建立一定的风险缓释机制来对冲风险扩散。

三是顺周期性的资本监管减弱了货币政策的有效性。银行在经营

---

① 在信息不对称的情境下,金融机构很难完全没有道德风险。在这种情况下,信贷市场的外部融资升水会呈正数,在不同的经济周期具有加速作用。即在经济繁荣时融资升水下降并导致了杠杆率的提升,在经济不景气的时候,融资升水上升并导致杠杆率的降低。参见 Cukierman(2007)。

过程中受到资本金和存款准备金的约束,如果其中一个条件受到限制,资产收入就会下降。央行的传统货币政策工具对存款准备金产生直接的约束,而对于银行的资本金并无直接影响。在这两个条件共同约束下,宏观经济复苏缺少必要的早期资本,信贷会进一步紧缩。在这种机制下,阻碍经济增长的货币政策效果,往往比刺激经济复苏的货币政策更为显著(Bliss and Kaufman,2006)。

资本的顺周期性更多地体现在资本市场的宽松与紧缩和经济周期的适应度。当经济处于上升周期,金融机构获利增加强化其资本投入,市场份额的不断扩大又进一步促使金融机构对资产进行重估,这样就加速了金融机构的扩张,资本市场的顺周期效应更加明显。根据金融机构资产评估的原则,银行和金融机构市场份额的扩大将直接提高资产价格,在信用机制的作用下会进一步拉动金融机构的资本形成。这种"倒置的需求曲线"(即需求随价格上升而增加)会形成对顺周期效应巨大的反作用力(李贵军,2013)。

金融机构的资产负债表也受到经济周期的影响,不同市场因素和风险评估对于杠杆率的冲击也很大。[①] 同时,央行政策影响与估值相关的诸如保证金变动等风险管理实践会加剧杠杆率变化,进一步引起新的波动,杠杆率效应传导到市场可能会引起恐慌性抛售。另外,短期货币机制也对杠杆率产生较大影响。当市场上流动性比较充裕时,金融机构就会有强烈的动机通过"短借长贷"来提高杠杆率。此外对于个人来说,风险偏好也是随着经济周期波动而变化的,资产估值的重新核算会加速风险异化和收缩行为。

已有的完全从经济周期理论视角解释2008年金融危机的模式已

[①] 从风险管理技术方面来看,各种度量和管理风险的工具都具有顺周期性的特性。当计量模型依据时间序列进行研究时,这种效应更加明显。

经遇到很多瓶颈。现有的研究反复证实，信贷、产出与资产价格三者之间的矛盾是当今许多发达经济体增长放慢的主要影响要素。但是，就目前的研究成果来看，当下的理论并不能完全解释这三者之间的关系。因此，金融周期理论一定程度上影响经济周期的研究视角进一步被提出，这些研究更多地关注信贷和房地产相互作用所带来的顺周期效应（Jordi，2015）。基于此，从金融周期的视角去分析现有的经济现象更加符合当下的经济环境，在我国金融体系改革和创新的背景下，可以更好地解释现实中所遇到的诸多新问题。在货币政策领域，政策有效性无疑会受到金融周期和经济周期不同步的影响。通过金融加速器效应，这种影响会被进一步扭曲和放大，造成金融市场波动进而冲击到实体经济。

二 跨市场风险传染对货币政策的影响

在金融创新过程中，由于金融风险会在不同的机构和市场之间蔓延，造成跨市场风险传染问题。随着金融市场一体化程度逐步加深，不同类型的业务交融导致市场之间的界限越来越模糊。单个子业务市场也会通过不同产品组合来影响更大的市场，最终可能会蔓延到整个金融市场，影响金融体系的稳定。

Calvo 和 Reinhart（1996）从墨西哥比索危机出发，以资产价格相关性为主要指标进行的实证研究表明，亚洲和拉美等新兴经济体的股票和债券标的具有很强的联动性。Edwards（1998）基于金融市场波动性溢出效应，研究金融危机的传染机制，进一步拓展了 Calvo 和 Reinhart 的结论，结果表明墨西哥比索危机所引起的金融波动对阿根廷的影响显著，但对智利的影响有限。王宝和肖庆宪（2008）聚焦于中国的金融体系不同的子市场之间的风险传染，利用股票市场、债券市场和银行的数据，研究三者之间的风险传递特征，发现中国同样具有明显的跨市场风险传染性和扩散性。

另一类研究主要从市场风险的传染渠道出发，分析了国内的金融渠道特征和国家间的贸易渠道特征。Rosea 和 Click（1999）从贸易紧密程度的视角，将贸易关系作为危机传染的重要解释因素，其模型回归结果表明，国家间的传染与贸易的紧密程度是息息相关的。但是相关研究缺少在金融危机冲击下，国家内部金融市场间如何进行金融风险传导的视角。

信息是金融市场上最为关键的影响要素之一。全球金融一体化趋势背景下，信息传播的渠道越来越多样化，传播速度也越来越快。传统的金融理论很难解释这些新的现象。在信息对传染机制影响的研究中，Andersen（2003）的研究证实了美国股市的信息一定程度上会影响欧洲的股票、债券和外汇市场，欧洲股票市场尤其是英国和德国市场受到的影响取决于各个国家所处的商业周期，各国债券市场对美国经济信息的反应最强烈。Kim（2005）的研究发现，在亚太市场上，美国和日本的宏观经济信息会影响中国香港地区、新加坡和澳大利亚的股市收益，但是股票市场对于坏消息的反应程度显著高于好消息。同时，该研究还表明信息披露的时间越早，传染的范围就越大。同时，在有其他相关信息叠加的情况下传染程度会进一步加剧。上述结果也说明了宏观信息不仅影响本国市场，还可能产生跨国效应，而根据宏观信息制定的货币政策在市场中的传导不仅影响本国金融市场，还具有开放背景下的外溢效应，因此风险的跨市场传染会显著影响货币政策的实施效果。

第二节 货币政策转型背景下的宏观审慎政策演化

正是由于顺周期性和跨市场风险传导的影响，金融周期与经济周期的关系变得更加复杂，金融创新使得传统的货币政策传导机制面临极大的不确定性。金融体系作为货币政策的执行中介，是货币政策作用于实体经济的关键环节。金融市场的快速发展，一方面使市场参与主体的行为发生变异，央行对于中介目标的监控更加困难；另一方面也使得虚拟经济和实体经济的关系更加复杂，金融向实体经济的传导链条变长。这些因素都将导致传统的货币政策框架不能很好地适应经济规律的演变，在应对金融危机时尤显乏力。从理论发展来看，"新共识"货币政策理论的主要缺陷就在于忽视了金融市场和金融摩擦的作用，这也是主流宏观经济学在2008年危机之后受到批判和反思的关键问题所在（Bernanke，2009；Blanchard，2010）。从实践上看，国际经验部分已经指出，在后危机时代，为弥补货币政策缺陷，美联储和欧洲央行均开始重视金融稳定的重要作用，并将其纳入到宏观政策的目标体系之中，从管理体制、目标设定、操作框架等方面实施了一系列创新性的举措，着力构建宏观审慎政策体系。

一 宏观审慎政策的提出背景与主要特征

随着金融行业的不断创新以及金融衍生品的快速发展，监管部门面临的市场压力越来越大，金融稳定也成为货币当局重点考虑的目

第五章　货币政策与宏观审慎政策"双支柱"：体系构建与协调分析 | **159**

标。回顾历史不难发现，次贷危机和金融危机也和金融监管缺失息息相关。由于宏观审慎监管缺位，在经济下行过程中，局部金融风险乃至系统性的金融风险都会有所上升，加强金融监管是必然趋势。无论是微观审慎监管还是宏观审慎监管，都迎来一个新的发展阶段。在后危机时代，低通胀和稳定的经济环境不足以保证金融稳定，加强宏观审慎[①]监管已成为主要发达经济体央行的共识。

传统的中央银行主要以货币政策为核心政策框架，重点关注的是经济周期问题。因此，主要政策目标是经济增长和物价稳定。在"新共识"货币政策框架下，经济增长和物价稳定被统一在泰勒规则的等价框架之中。央行主要盯住通货膨胀，通过逆周期调节来实现价格稳定，并应对经济周期的波动。货币政策的锚是 CPI，但是 CPI 只能反映物价水平，不能体现金融资产价格，广义信贷和房地产价格等金融市场指标被货币政策框架忽视了。也就是说，金融周期的波动无法纳入货币政策分析框架，传统的中央银行调控模式在金融周期更替和金融危机演变中无能为力。

2007 年次贷危机后，各国央行在总结面对经济危机过程中的政策失误时，开始重视经济周期和金融周期同步冲突问题，普遍认识到传统单一货币政策调控框架的局限，考虑逐步构建宏观审慎政策框架。[②] 通过宏观审慎政策框架的完善，弥补传统货币政策框架的缺陷和不足。逐步强化央行的监管职能和逆周期调节水平，充分考虑不同

[①] 宏观审慎（Macroprudential）概念是由英格兰银行最早提出的，见于 20 世纪 70 年代巴塞尔银行监管委员会的前身库克委员会（Cooke Committee）的一次会议报告。随后在 80 年代国际清算银行正式提出了宏观审慎监管的概念，并开始讨论其维护金融体系系统性稳健和安全的目标。参见 Crokett (2000)。

[②] 危机后最早提出宏观审慎概念的也是国际清算银行，其被用来解释危机爆发的原因，如监管不足、顺周期性等，随后 G20 等国际合作组织开始接受并采用这一理念。

市场主体的异质性，更直接地监控和管理金融市场，加强防范化解系统性金融风险的能力。

本质上来讲，宏观审慎政策是以中央银行为核心，综合采用宏观、跨市场和逆周期的手段，是一种自上而下的管理方式。宏观审慎政策主要是以防范系统性风险为核心目标，力争减少金融市场所受到的顺周期冲击，以及来自外部尤其是国外的跨市场的风险传染，从而增强整个金融市场和金融机构的稳定性（Angeloni, 2009）。单靠传统货币政策并不能有效抑制资产价格泡沫并实现整体的金融稳定，那么宏观审慎是否能有效实现这些目标呢？Mishkin（2012）认为资产价格泡沫是源于市场失灵的，因此审慎监管自然成了预防资产价格泡沫和市场失灵的措施。

根据监管主体不同，市场监管存在微观和宏观之分。微观审慎监管主要是针对金融市场主体行为的监管，如要求企业进行充分的信息披露等，其目的是保证金融安全以及有效运行。但即使耗费大量的人力物力，对每一个市场上的金融机构都进行审慎监管，也会因为个体相互作用不可避免地产生外部性。因此，需要运用宏观审慎监管政策来阻断资产价格泡沫与信贷扩张之间的联系，预防信贷市场总体可能发生的系统性风险。例如巴塞尔协议 III 中通过动态调整资本充足率要求来抑制信贷周期[①]，就是宏观审慎监管的一个早期案例。

在金融市场管理中，宏观与微观审慎管理的总体目标是一致的。由于个体和集体的目标很大程度上存在差异，在经济发展的不同阶段，金融机构有扩大市场规模和顺周期行为的动机，在这个过程中一旦发生局部风险可能引发系统性风险。为了解决这个矛盾，宏观审慎

---

① 即在信贷扩张时提高资本充足率，反之在信贷收缩时降低资本充足率要求。

管理也将多项微观目标纳入其体系之中，更好地将二者结合。同时，在指标设定上，宏观审慎管理主要考核广义信贷增长和定价行为。通过这两个指标的配合可以更好地在数量上约束金融机构信贷投放，在价格上用市场行为衡量金融机构的负债水平。

宏观审慎政策体系主要包括：监测评估系统性风险、采用对应的政策工具减小发生系统性风险的概率、降低系统性风险对于金融系统和实体经济的外部性等。根据上述要求，宏观审慎监管的政策工具主要分为三类。

第一类是资本金要求。资本金要求对金融或信贷增速稳定有两个直接影响。一是较大数额的资本金能够提高银行抵御风险、保护存款的能力。如银行在面临不良贷款等问题时，拥有更多资本金意味着有更多的对冲能力。二是如若贷款要求的资本金准备较高，银行会有意识地控制贷款增速以保持信贷稳定。除了上述直接影响，资本金要求对金融机构还有间接影响。当非银行金融机构面临的资本要求较弱时，由于监管套利，商业银行会以资产证券化的形式将贷款转移至其他金融机构，这样金融风险并没有降低。因此，资本金要求并不一定能够实现降低信贷增速的目的。

第二类是流动性管理，包括负债流动性管理和资产流动性管理两种方式。前者指持有的短期融资与长期融资的比重，这一比重与金融系统稳定性呈负相关关系；后者要求商业银行拥有一定数量的流动性资产和保证充足的现金流，以稳定资产价格。

第三类是抵押率要求。当前银行与非银行机构之间的联系大多以重复抵押的方式建立，抵押品会被抵押中介以证券贷款的方式重复使用，具体过程可以参见图 5-1。一般情况下，从策略性投资者开始，抵押物还是在金融市场流通，并进行反复转移和使用，直至货币市场基金。在整个过程中，抵押率指标主要是为了预防借款方的道德风险，可以通过调高抵押率约束借款者的实际需求，从而控制金融风险。

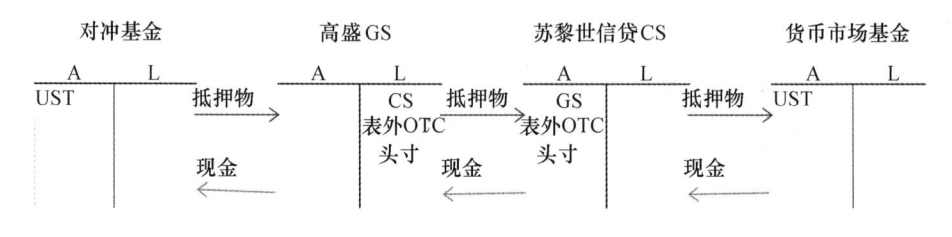

```
对冲基金              高盛 GS              苏黎世信贷 CS           货币市场基金
 A     L           A        L           A        L            A     L
UST   抵押物         CS    抵押物          GS    抵押物          抵押物
  ────────→      表外 OTC ────────→   表外 OTC  ────────→      ────────→
       现金         头寸    现金          头寸    现金            现金
  ←────────              ←────────              ←────────      ←────────
```

图 5-1　重复抵押示意图

资料来源：Claessens, Pozsar, Ratnovski and Singh（2012）。

2008 年金融危机之后，国际货币基金组织、金融稳定理事会和巴塞尔银行监管委员会等机构达成了共识，即为达到维护金融稳定和经济增长的目标，国际金融体系改革应当将宏观审慎管理纳入整体框架之中。各发达经济体也在危机后的金融改革中明确了宏观审慎制度设计。[①] 如在确定协调框架的情况下，欧盟逐渐建立了宏观审慎政策体系，并为了更好地贯彻落实宏观审慎政策，颁布出台了相应的法律规定，如《资本要求法规（CRR）》《单一监管机制法规》等，以及设定宏观审慎工具，如针对房地产金融的贷款价值比（LTV ratio）、系统性风险缓冲（SRB）等；对杠杆率进行了新的诠释，不仅对银行、投资基金和住宅房地产的杠杆进行了限制，还针对抵押衍生品和证券融资交易提出了新的保证金要求，以此在不同层面维护金融市场的稳定运行。

---

① 在国际金融体系改革的总体背景下，各国对于宏观审慎的制度安排也有所不同，主要体现在政策实施的主体差别上，包括央行之外的专业委员会（以美国为代表）、央行体系之下的专门委员会（以英国为代表），以及直接由中央银行负责实施的模式。共同点在于中央银行在其中都发挥了重要作用。

二 货币政策和宏观审慎政策的主要区别

货币政策和宏观审慎政策体系在政策理念和操作框架上既有相同之处，也存在明显差别。政府通过"无形的手"在调控市场经济的时候，以实现某些特定的经济目标，达到优化市场环境的目的，会采取一系列的与货币有关的策略，如调整货币供应量，调节政策利率等（Blinder, 2001）。现代意义的货币政策是在布雷顿森林体系解体以后产生的。为了实现经济稳定发展，主要发达经济体都以维持物价稳定为目标，采用了基于CPI的利率调整的货币政策工具，这样的货币政策虽然具有很好的透明度以及规则性，但是也存在着明显的不足。其中最突出的就是，维护物价目标不能同时兼顾金融市场稳定，而金融市场的波动会引发金融风险，导致经济泡沫的发生进而演变为金融危机和经济危机（Minsky, 1991）。

换言之，物价只是衡量金融稳定的一个目标，单纯借助于利率的工具很难维持金融系统的稳定。以发行货币的方式维持稳定的CPI反而有可能造成新的危机，导致金融市场更加不稳定，风险事件发生概率上升。与此同步的是微观审慎监管体系的运行，过多地关注微观个体的金融表现反而会忽视宏观整体的经济环境。由此可见，货币政策和微观审慎监管并不能很好地防范金融体系的系统性风险和金融危机的发生。[1]

---

[1] 关于系统性风险的定义并不明确，De Bandt（2000）从金融机构的角度将其定义为遭受系统性冲击之后机构债务清偿能力的下降而导致的经营危机，Perotti（2009）则从风险传播的角度将其描述为金融体系冲击到实体经济困境的扩散。但总体来说，系统性风险的核心在于金融体系失衡对于实体经济的全局性的潜在破坏风险。

如前文所述，危机之前"新共识"货币政策框架以通货膨胀作为单一目标，以利率调控作为单一工具。由于忽视了金融中介和货币政策中介目标的作用，在理论框架和政策框架中都难以反映金融市场和金融摩擦的功能。由此导致政策制定者长期认为金融系统是可控的，货币政策的目标体系可以互相包容，并能够纳入金融稳定的相关要素，基于规则的货币政策框架可以有效避免"米德冲突"的出现。

应当肯定的是，用货币政策预防信贷驱动型泡沫确有必要，因为如果利率过低[①]，低利率的估值和收入效应会加剧冒险行为，金融机构追求高回报的动机增强，从而引发信贷泡沫风险。但如果仅用货币政策防止信贷泡沫也存在明显阻碍，市场上总需求的扩张首先表现在信贷规模扩张和资产价格的上升上，而非反映在通货膨胀上。因此，"单一目标—单一工具"的货币政策安排，无论是在理论上还是在实践中都无法避免金融系统的风险异化。

传统的货币政策和危机之后逐渐兴起的宏观审慎政策都属于宏观管理的逆周期调节政策，但在政策目标、实施工具乃至调节机制等诸多方面都有所不同。在政策目标方面，传统货币政策主要是通过物价稳定来维护经济增长，着重总量问题管理；宏观审慎政策则是在全面反思金融危机成因和政策缺陷的基础上，致力于维护金融系统的稳定，弥补了结构性策略的缺失。在政策手段方面，央行的货币政策以信贷、利率等为主要手段，通过金融中介进行传导，最终目标是影响总需求；而宏观审慎政策主要关注资产价格渠道，通过管理金融机构的杠杆率、资本金要求和抵押率等机构性指标来控制金融风险。

---

① 本章在此所讨论的货币政策工具主要是指短期利率。

三 货币政策和宏观审慎政策的相互作用与实施机制

受到金融危机和债务危机的影响，学术界在对传统货币政策反思批判的同时，也对宏观审慎政策相关理论开展了深入的研究。Boivin，Lane & Meh（2010）的研究表明，货币政策面对金融不稳定时的有效性与所受冲击的类型高度相关，当该冲击是经济系统面临的普遍冲击时，货币政策相对有效，相反在面临特定市场失灵时，货币政策失效而监管政策相对有效。Filiz（2011）指出宏观审慎政策有利于改善政策福利水平，可以作为货币政策的有效补充，从而解决货币政策在执行过程中的不足。Beau et al.（2012）运用1985年至2010年的面板数据，对各国金融体系和经济形势的关系进行了实证分析，研究表明在经济形势平稳运行时，货币政策能够起到促进作用。但在受到金融冲击后，货币政策应着力于稳定价格，而宏观审慎政策在管理信贷方面发挥了积极作用。Angelin et al.（2012）将银行部门和房地产部门纳入DSGE模型，研究表明在这两个部门受到冲击后，宏观审慎政策对于稳定经济的效果更加明显。

在实践中，由于货币政策面临很多约束和不确定性，特别是在金融冲击和市场扭曲时，货币政策与宏观审慎政策只有在清晰研判具体经济形势的前提下，才能做好有机配合，实现互补作用。在风险概率上升时，传统的宏观政策面临收窄压力。此时具有不同政策目标的货币政策和宏观审慎政策就需要通过协调配合，应对经济下行和潜在风险上升的局面。马勇和陈雨露（2014）的实证研究指出，宏观审慎政策在复杂的情境下如果实施不够及时，尤其是货币政策在产出和通胀缺口的基础上盯住更多变量时，不仅不会起到稳定货币政策的效力，反而有可能加剧经济波动。因此，Mishkin（2012）从政策实施角度，建议应由同一部门负责施行两种政策，这种模式已被欧洲央行和英国央行所采用。

BIS（2016）在其研究报告中提出了"风险三角"的概念，即实体经济生产率下降、金融系统杠杆率上升和宏观政策收窄，这正是货币政策和宏观审慎政策实施的共同背景。图5-2描述了在"风险三角"情况下，货币政策和宏观审慎政策的共同作用机制。宏观审慎政策与货币政策相互作用的核心，体现于如何在物价稳定与资产价格稳定之间达到平衡。货币政策主要是保持CPI的稳定，在CPI稳定的情况下，资产价格也可能产生很大的波动。同时，资产泡沫风险可能进一步传导到其他金融市场。总之，CPI的稳定并不能保证整个金融市场的稳定，但金融市场的稳定反而会对CPI的稳定起到决定性作用[①]。

基于这样的现状，金融危机后越来越多的经济体开始更加重视处理好经济稳定和金融稳定之间的关系，不再采用单一的目标。在维持物价稳定的同时，也要维持金融市场的稳定，而逆周期管理手段刚好可以通过调节杠杆来促使金融市场的稳定（Unsay，2011）。

进一步地，货币政策和宏观审慎政策之间可以相互补充和彼此促进。宏观审慎政策通过采用逆周期手段调节杠杆水平，影响资产价格和收益水平，弥补货币政策的结构缺陷，强化货币政策的实际效果，对货币政策的实施产生补充影响。一般来说，监管机构倾向于基于同向性和相容性的原则进行政策设计。具体而言，当宏观经济表现较差时，会采取下调政策利率的货币政策和适度宽松的宏观

[①] 早期的研究认为，央行过于关注物价而忽视了资产价格。事实上，资产价格会反向影响物价水平及其稳定性。

第五章 货币政策与宏观审慎政策"双支柱"：体系构建与协调分析 **167**

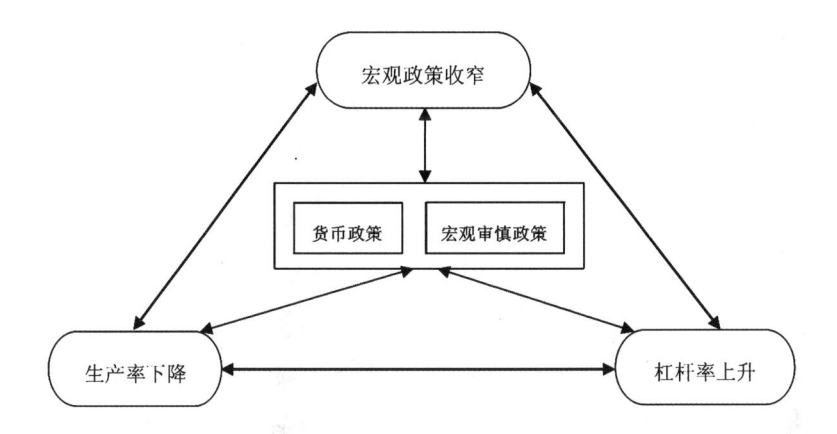

图 5-2　风险三角约束下的"双支柱"体系作用机制
资料来源：BIS（2016）。

审慎政策；当宏观经济过热的时候，则会采用上调政策利率的货币政策和适度收紧的宏观审慎政策（Beau，2011）。

货币政策之所以需要宏观审慎政策作为补充和配合，主要有以下几方面的原因：第一，货币政策的目标是以稳定物价为主，这一目标机制决定了若物价发生偏差，必然会引致货币政策发生偏差。第二，不同的货币政策在不同的经济体取得的效果有很大的差异。相同的政策在部分市场可行，但是移植到其他市场就可能"水土不服"，以调节货币总量或利率水平作为工具的货币政策不可能兼顾各个市场。第三，不同市场的杠杆率是有很大差异的。个体的非理性行为使得以利率为基础的价格调节工具在很多时候并不能起到作用，相反一些反周期的操作，有可能进一步使得经济出现顺周期波动和超调，最终引致经济产生不可预期的偏离。总而言之，由于微观市场主体的异质性和非理性特征，宏观审慎政策作为宏观金融政策"第二支柱"，在宏观调控上对于货币政策的补充具有相应的微观理论基础。

从事后角度看,美国20世纪90年代的新经济泡沫和2007年的次贷危机,能够很好地证实宏观审慎管理对于补充货币政策作用缺陷的重要性。90年代,西方经济体正在经历"大缓和"的黄金时期。在计算机和信息技术等新技术革命的影响下,美国社会发生了翻天覆地的变化,劳动生产率逐步提高,拉动经济快速发展,美国非加速通货膨胀失业率明显下降。在这样的情况下,采取宽松的货币政策,也不会引起经济过热和通货膨胀,经济必然会在平稳的状态下运行。但是过热的经济和宽松的货币政策在带来金融市场繁荣的同时,却引发了互联网泡沫,泡沫的破灭造成了金融市场的崩盘,新经济随之受到巨大打击。在当时的情境下,监管当局如果能够及早地采取宏观审慎政策,通过调控杠杆来维持金融市场的稳定,则相对宽松的货币政策就不会引起如此巨大的经济泡沫并诱发经济危机。

同样地,在2008年金融危机之前,甚至早在2006年之前,美国金融市场和房地产市场由于金融衍生品的急速发展已经出现了明显的泡沫迹象,整体市场杠杆率已经开始攀升,金融风险已经在金融机构之间传递。如果美联储或其他监管机构能够及时采取宏观审慎措施,有针对性地控制从早期开始的各个次贷产品的杠杆率,并对金融机构施加管制,最终可能不会产生影响如此深远的全球性金融危机。[①]

[①] 当然,对于这种"事后诸葛亮"的看法,监管者和金融机构从业者由于立场不同也存在较大的争议,很多研究也认为即使当时实施了宏观审慎监管等预防政策,但由于金融体系的复杂性和风险传递的突然性,对于金融危机破坏效应的限制也会收效甚微。正如格林斯潘所说,当泡沫还未破灭的时候,很少有人知道是"泡沫"。参见 Bernanke(2015);Mallaby(2018)等。

◈ 第三节 货币政策与宏观审慎政策的协调性分析

虽然从制度安排上，货币政策和宏观审慎政策可以有效配合，在央行的制度框架内互相促进，并通过不同的政策工具和实施机制来实现价格稳定和金融稳定的双重目标。但是，二者如果不能合理掌握政策实施的时机和顺序，并在具体执行过程中形成正向的协调，那么"双支柱"体系不仅不能形成合力，反而会互相制约，使各自的政策效果大打折扣，影响多重政策目标的实现。

宏观审慎的体制和制度安排是宏观审慎政策实施的基础。2008年金融危机之后，在国际金融体系改革的总体框架下，主要发达经济体先后对金融监管体制进行了重大改革，在与货币政策调整同步的基础上，逐步建立起不同模式的宏观审慎管理制度框架（Jaime，2012）。综合各国实际情况来看，主要有两种可能的方案，一种是"集中化"的模式，即以一家机构为中心，让其同时担任制定实施两个政策的责任，通过内部协调配合达到双重政策目标；另一种则是与之相反的"分散化"的模式，在现有监管格局下，单独额外建立针对金融稳定的监管和政策体系，通过不同机构之间内外协调实现整体目标。

对于货币政策和宏观审慎政策的整体性而言，"集中化"模式得到了更多的认同。这两个政策虽然在理念界定、实施工具、传导机制以及最终目标设定上皆有所不同，但是两者都是宏观调控的手段，同时具有宏观属性。除此之外，货币政策维护物价稳定和宏观审慎保持金融体系的稳定，两个最终目标本质上是趋同的，能够进行配合调控。尽管不从这个角度出发，但基于实践考量，同样的机构同时承担制定两个政策的职责，也能更好地实现内部的协调统一，减少部门之间的沟通成本和不必要的冗杂环节，避免部门利益的冲突和掣肘。

为了缓解货币政策和宏观审慎政策之间的冲突和矛盾，在采用"集中化"模式的情况下，为了保持政策各自的独立性、科学性和有效性，一般通过单独的委员会来进行制定、监督和实施不同的政策工具（王信、贾彦东，2019）。典型例子就是英国，英国采取的是"双峰监管"模式，通过建立货币政策委员会（MPC）和金融政策委员会（FPC），再把货币政策、微观审慎和宏观审慎政策独立又统一地纳入超级央行体系框架之下，一定程度上使得货币政策与宏观审慎政策维持既有区分又互相协调的良性关系（图5-3)[①]。

但是也必须看到，由央行统筹规划、实施货币政策与宏观审慎政策的模式，无法从根本上解决政策协调问题，因为即使是由同样的机构制定两个政策，也难以完全避免政策冲突的发生（Samuel G.，2010）。在实际落地配合时，牵扯到的其他利益部门，不仅涉及多个层次，同时也影响着市场里的诸多主体，所以实际协调配合是一个复杂的流程，无法如理论推演般完美。现实情况毕竟不可控因素和变化太多，从英国央行的实施情况来看，货币政策和宏观审慎政策相比于灵活应对和机动配合，更多的是坚守彼此的权责边界。

除此之外，中央银行同时制定两个政策，系统和部门之间的独立性必然受到威胁，再加上还需要彼此配合协调，政策制定和规划部门之间的沟通融合，会造成本来需要较高独立性的策略，反而出现更多

[①] 欧元区也属于"集中化"监管模式，2013年欧洲理事会批准在欧元区设立欧洲银行单一监管机制（SSM），由欧洲央行负责直接监管欧元区的系统重要性银行，在各成员国审慎管理当局共同配合下，承担货币政策、宏观审慎和微观审慎管理的统筹监管和政策实施责任。

第五章 货币政策与宏观审慎政策"双支柱"：体系构建与协调分析

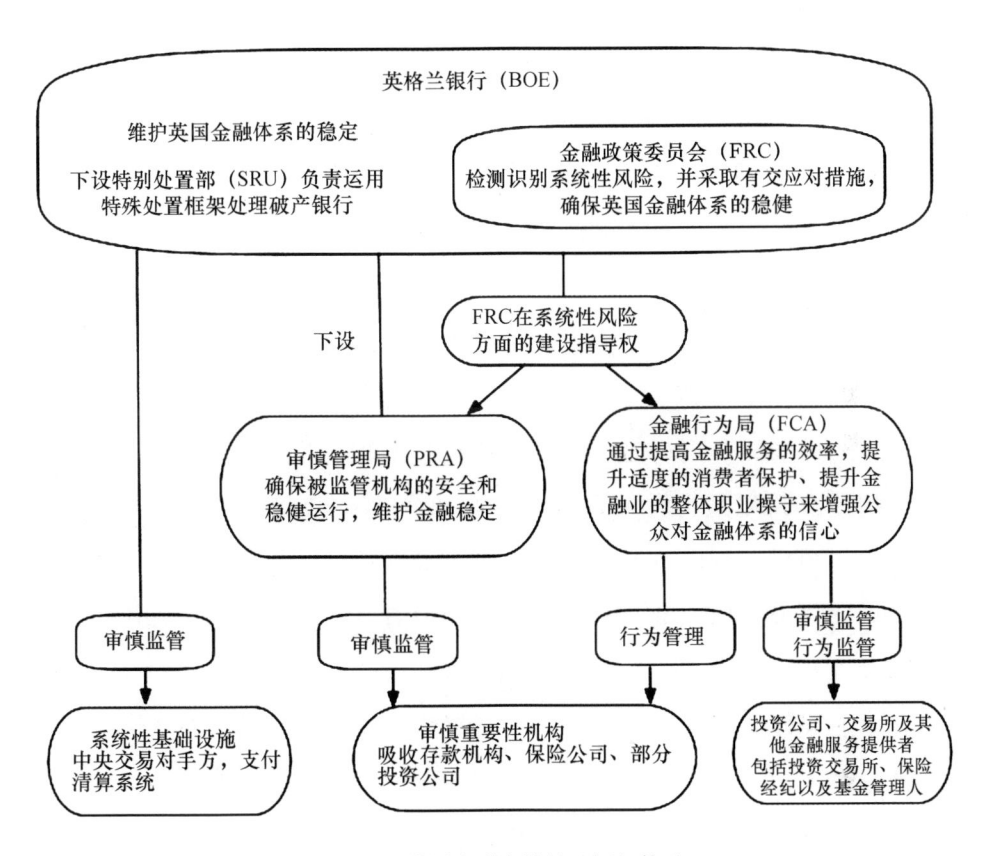

图 5-3 英国宏观审慎管理框架体系

资料来源：英格兰银行。

独立性受到制约的问题。因此，在实际操作中，清晰判定货币政策和宏观审慎政策的边界和内涵十分必要，这就需要货币当局充分理解两种政策的真正意义和目标模式。

"分散化"的模式通过设立专门的机构，承担宏观审慎管理职责，使实施宏观审慎政策的监管部门独立于央行之外，与货币政策当局成为并行的机构。典型的如美国模式。2010年7月，美国国会颁布了《多德-弗兰克法案》，旨在改革金融监管体系，防范和化解金融风险。方案规定设立金融稳定监督委员会（FSOC），作为宏观审慎管理的职责机构，这一委员会向国会直接负责，与美联储是互相独立的（图5-4）。但同时，美联储的金融监管职能也得到了加强。一方面，美联储要参加到FSOC的运作之中，为FSOC提供必要的支持；另一方面，扩大了美联储对于被认定为"系统重要性金融机构"的监管权限。实际上，尽管在组织结构上是"分散化"的体系，但美联储依然在美国的金融监管新框架中扮演了更为重要的角色。

分散的机构和制度安排固然可以保证宏观审慎政策的独立性和实施机制的通畅性。因为虽然一直强调在制定和实施这两项政策时，一定要相互协调和配合，但这并不意味着这两个政策之间可以完全替代。与之相反，货币政策和宏观审慎政策无论是理论的界定，还是实施工具和政策目标，都有着明显的区别。但显而易见的是，与"集中化"模式相比，由于实施主体不同，两个政策制定和实施部门之间必然会增加额外的沟通协调成本，甚至可能存在利益冲突。因此，主要发达经济体在危机之后金融监管改革和宏观审慎政策框架的模式尽管各不相同，但是基于"双峰监管"的核心逻辑还是趋于一致的。此外，不管是"集中化"模式还是"分散化"模式，中央银行在监管框架中，都始终处于主要地位。这实际上体现出危机之后对于中央银行体制的反思，及其与金融监管体制关系的再认识。

在具体的政策规则运用层面，一方面，货币政策为实现价格稳定和经济增长的目标，采用逆周期的政策工具，配合社会融资规模，管理货币供给与产出之间的波动；另一方面，宏观审慎政策同时作用于金融市场，减少信贷市场的波动，防范杠杆率上升的风险，针对金融体系进行结构调节。因此从理论上，基于货币政策和宏观审慎政策合理的组合，辅以一定效力的微观监管措施，促使两种政策效果各自发

第五章　货币政策与宏观审慎政策"双支柱"：体系构建与协调分析 | **173**

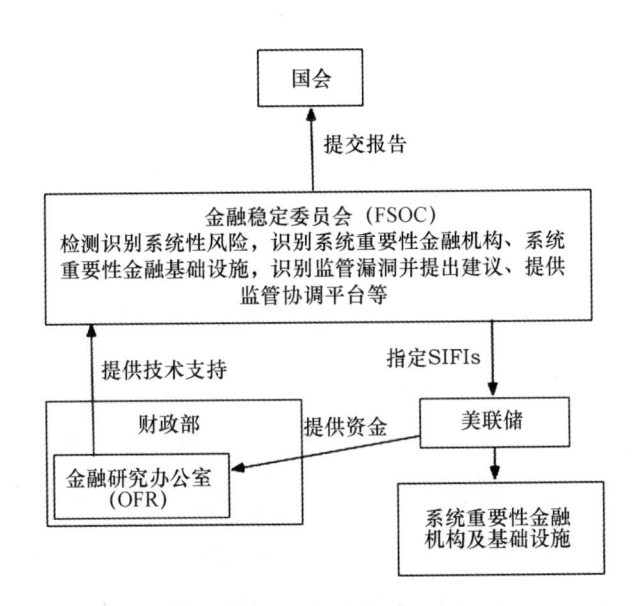

图 5-4　美国宏观审慎管理框架体系

资料来源：美国金融稳定委员会。

挥，可以更好地实现价格稳定和金融稳定的目标，避免单一政策失效的困境，这也很好地符合了"丁伯根法则"的要求（Farhi, E., 2016）。但也应当注意到，如果因为实施其中一个政策，而导致另一个政策所制定的目标发生改变，就应该针对具体情况进行调整。比如货币政策导致金融风险降低或提高，就要调整宏观审慎政策工具和节奏，对风险进行重新评估。

在金融自由化的大环境下，货币当局在协调货币政策与宏观审慎政策时，应依据现实的经济环境选择不同的方式和程度。在实际操作过程中，货币政策和监管政策二者之间是相互博弈的，不能将两种政策的决策框架融为一体，这样会进一步误导公众，影响公众对货币政策的信心。宏观审慎政策应以提高金融体系的稳健性为目的，为货币政策创造稳定的金融环境，此时货币政策才能专注于物价稳定和充分就业等宏观目标。同时，货币政策应进一步提高透明度。有效的政策沟通和前瞻指引能够加深公众对决策者的理解，从而间接优化政策效果，否则就会影响公众对货币政策的操作机制和金融环境稳定关系的认识。此外，宏观审慎政策的局限性也会给货币政策效果带来不确定性。因此，货币政策需要适度灵活，货币当局应及时调整政策工具，以应对宏观审慎政策可能带来的非预期冲击。

在某些情形下，若政策协调统筹不当，可能导致货币政策和监管政策冲突和叠加的问题，就会造成政策效果的抵消。尽管二者都是在宏观层面起到逆周期调节的作用，但在目标、工具、传导等方面还是存在一定的差异。因此，在经济极度不稳定期间，货币政策和宏观审慎政策实施的逻辑完全不同，甚至可能导致次生风险的出现（Hyunduk，2012）。经济萧条时，实施量化宽松的货币政策有可能不会使资金流入到对其有更大需求的实体经济，反而可能会流入收益率更高的房地产和金融行业，进一步推高资产泡沫。经济过热时，如果紧缩货币政策使用不当，会使得杠杆率下降过快，经济泡沫破灭加速，进一步引起金融市场的大幅震荡，不利于金融体系的稳定。宏观审慎政策更多的是针对跨时期、跨市场等时间和空间维度的金融失衡问题，由于系统性风险的机制过于复杂，使用不当可能会导致政策当局不堪重负（BIS，2018）。

从防范系统性金融风险的角度来看，为了达到维护金融稳定的最终目的，还应该多方协调使用货币政策、财政政策以及微观和宏观审慎政策等多项政策，而不是单独依靠其中一两个政策。比如，与货币政策相比，财政政策与宏观审慎政策虽然定位和目标差异较大，但都符合结构性政策的要求（徐忠，2018）。因此，二者配合可以对金融体系的结构性问题和特定领域风险进行定向处理。

此外，有效监管对于货币政策和宏观审慎政策的协调效果也至关重要。既不能过分监管妨碍市场运行，也不能自由放任导致监管失灵。有效监管实施的前提必须建立在一个相容且合理的政策框架基础之上，让经济主体和市场机制能够有效地发挥作用。为了确保这一点，有必要构建一个内部和谐、不矛盾的监管架构以及网络化监管体系（Ranson，2014）。

第四节 货币政策与宏观审慎政策"双支柱"体系的中国实践

近年来，随着房地产市场发展，中国各部门的杠杆率也在逐年上升。同时，资金大量流向抵押品价值高的地产和基建行业，导致信贷错配现象严重，进一步推高了固定资产的价格，对其他行业造成挤压，加速了金融体系的风险传递。在此背景下，中国货币政策传导的问题主要在于信贷并不能有效地流入实体经济并支持其发展。中国已于2017年第一季度达到金融周期顶峰，CPI和GDP数据显示2015—2016年存在一定程度的滞胀，这都预示着中国的金融风险在逐步加剧（刘元春，2017）。随着金融周期到达顶部，社会融资大幅度减少，影子银行和表外业务也严重收缩，这使得广义货币供应严重不足，导致如企业信用、地方融资平台和中小房地产企业资金链断裂等多项风险集中暴露，金融市场波动变大。如何更有效地维持金融体系稳定，降低系统性风险发生的概率，成为亟待解决的问题。

同时，中国经济处于逐步转型升级、提高发展质量的关键阶段，经济增长速度逐步放缓。如何维护经济平稳增长、结构转型升级、防范化解重大风险之间的平衡，对于政策安排尤为关键。随着中美贸易争端不断升级，外部形势不断变化叠加内部金融风险异化，中国也面临着"风险三角"的困境。在此背景下，如何更好地发挥宏观审慎政策与货币政策的相互配合作用，是中国货币政策框架转型和重构的关键问题。

中国探索和实践货币政策与宏观审慎管理相结合的调控模式最早开始于2009年[①]，是2008年金融危机之后中国人民银行在国际金融体系改革与合作的大背景下提出的，并在各国实践中走在了前面，为全球央行提供了有益经验（张晓慧，2017）。此后，人民银行一方面积极稳妥地推动以数量为主的调控政策逐步向价格为主的货币政策模式转变，不断对现有货币政策的工具进行创新，强化利率的调控水平；另一方面根据维护金融稳定的目标，不断完善宏观审慎政策的操作机制和政策工具，如图5-5所示。

2011年，人民银行开始在货币信贷调控中运用差别准备金动态调整机制，对存在顺周期金融风险隐患的金融机构实施差别准备金要求，在调节流动性水平的同时降低金融系统运行风险，这正是货币政策与宏观审慎政策的目标要求。2013年人民银行作为牵头单位，建立了金融监管协调部际联席会议制度，承担货币政策与金融监管政策协调职能。

在经过充分的研究和评估之后，人民银行于2016年将差别准备

[①] 2009年第三季度货币政策执行报告就提出，要逐步建立宏观审慎管理相关制度并将其纳入宏观调控政策框架，发挥宏观审慎的逆周期调节作用，维护金融体系可持续发展。随后央行货币政策委员会也正式提出要"研究建立宏观审慎管理制度，有效防范和化解各类潜在金融风险"。

第五章 货币政策与宏观审慎政策"双支柱"：体系构建与协调分析 | **177**

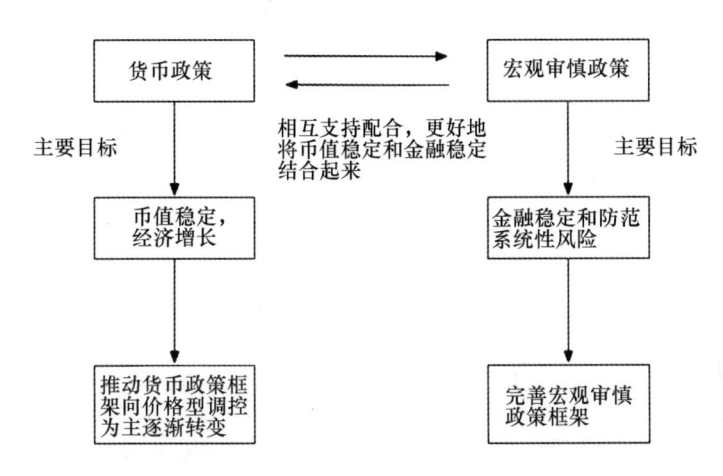

图5-5 中国货币政策与宏观审慎政策的"双支柱"体系

资料来源：根据相关文献整理形成。

金动态调整机制升级为宏观审慎评估体系（MPA，Macro Prudential Assessment）。[①] 在具体操作上，宏观审慎评估体系将更多的关注点放在了广义信贷上面，同时涵盖了债券投资、股权投资、买入返售等各种投资行为。之所以将广义信贷的重要级别提升，主要是为了约束市场上金融机构可能出现的规避信贷调控、非正常转移资产等不当操作。

宏观审慎评估体系的建立，将更多的金融活动和金融资产扩张行为纳入到监管框架之中。基于广义信贷的各项指标，从不同方面对金融机构的行为进行引导，更好地实施不同周期调节手段，核心依然在

---

① MPA 所包含的七大类政策涵盖了金融机构的一系列市场行为，譬如定价行为，其中利率定价是最为重要的考察点；金融机构的资质情况，譬如资产负债、资产质量、资金流动性、是否有外债风险，和金融机构的资本和杠杆情况等；除此之外，这套体系还考察了金融机构信贷政策执行情况，详见2016年度央行货币政策执行报告。

于约束金融机构的资本金扩张，控制局部和系统性风险（马骏、何晓贝，2019）。

2017年7月，全国金融工作会议提出，将防控金融风险作为金融工作的三项重要任务之一。从国家层面明确了加强宏观审慎管理制度建设，设立国务院金融稳定发展委员会，并强化人民银行宏观审慎管理和系统性风险防范职责。随后，党的十九大报告首次明确提出，"健全货币政策和宏观审慎政策双支柱调控框架"，确立了宏观审慎政策在我国宏观调控政策中的重要地位，金融系统宏观调控和风险防范的能力进一步得到提升。

2017年以来，人民银行从制度上不断完善MPA的规则体系，将金融机构和金融市场的稳健性作为重要的政策目标，根据宏观调控的需要和MPA的实际操作情况，改进和完善监控指标体系，先后将表外理财纳入广义信贷指标范围、将绿色金融纳入MPA"信贷政策执行情况"评估、将同业存单纳入同业负债占比指标考核监测等。此外，还根据经济运行的各类风险和冲击，灵活调整MPA的实施范围，使之成为近年来央行调控金融运行、服务实体经济的一个重要政策手段。

比如，2018年以来，受到贸易摩擦和外汇市场变化的影响，国内金融市场运行的风险抬头，人民银行加强了外汇市场风险的管理，对外汇市场的顺周期性进行逆周期调节。同时，出台了《关于规范金融机构资产管理业务的指导意见》等相关政策，落实防范化解金融风险的要求，进一步规范金融市场的合规运行。此外，继续加强房地产市场的宏观审慎管理，形成了以"因城施策"差别化住房信贷为主要内容的住房金融宏观审慎政策框架，通过对银行体系的住房信贷政策加以控制，更好地防范次生风险的传递。

第五章 货币政策与宏观审慎政策"双支柱"：体系构建与协调分析

又比如，2019年以来，为加大对实体经济的支持力度，MPA考核不断增加对于民营和小微企业等的倾斜指标，以着力解决"融资难、融资贵"的问题。先后在MPA考核中增设民营企业融资、小微企业融资、制造业中长期贷款和信用贷款专项指标；将相关金融机构使用降准资金发放小微、民营企业贷款情况纳入MPA考核，引导相关金融机构将降准资金全部用于发放小微、民营企业贷款，并降低小微、民营企业贷款利率；将贷款市场报价利率（LPR）运用情况及贷款利率竞争行为纳入MPA的定价行为项目考核，推动银行更多运用LPR，坚持用改革的办法降低实体经济融资成本。

从近几年的政策实践情况来看，MPA的政策边界和政策目标在不断扩展，从最开始的约束广义信贷、防范金融风险，到逐渐融入结构性货币政策框架、更好地服务实体经济，MPA的结构调整功能得到进一步发挥。2018年以来金融市场的加杠杆和投机行为明显改善，金融机构的经营运行稳健度显著提高，这与宏观审慎政策的落实是密不可分的。

相关研究表明，宏观审慎政策能够降低宽松货币政策环境下我国商业银行的风险承担水平，抑制了经济顺周期波动（周俊杰、易宪容，2019）。同时，结构性货币政策有效性提高，普惠金融业务幅度加大，民营和小微企业的融资困境得到了一定程度的缓解，这些转变也都得益于宏观审慎政策与货币政策"双支柱"运行的配合。

无论是从理论层面，还是实践层面，我国货币政策与宏观审慎政策"双支柱"调控框架的建立，都具有充分的合理性与可行性（马勇，2019）。但是正如前文所指出的，在具体实施过程中，要进一步明确货币政策与宏观审慎政策之间的目标边界，以及两者的协调配合问题。从防范系统性金融风险的角度考虑，宏观审慎政策与货币政策存在逆向操作的问题，那么货币政策不可避免会产生溢出效应，如何规避货币政策的"溢出性"对宏观审慎政策的抵消，正是宏观审慎政策创新的关键。同时，货币政策传导的中介是金融市场和金融机构，而宏观审慎政策的实施对象也是金融市场和金融机构，二者在传导渠道上存在交叉。当前，疏通货币政策传导是货币政策有效性问题的关键所在。宏观审慎政策要在加强监管的同时，避免因机制重叠影响货币政策传导，使金融机构能够更好地发挥服务实体经济的作用。

第六章

中国货币政策框架转型与重构：
实施逻辑与前景展望

通过上述研究，本书基本回答了中国货币政策框架为什么要转型重构，和如何进行转型重构的问题。但还需强调的是，中国在当前阶段货币政策框架的转型与重构主要特点是从"数量型"调控为主向"价格型"调控为主模式的转变，但绝不仅限于这种传统意义上的主要在中介目标层面的调整（张成思，2017）。本书一再强调，中国货币政策框架转型是包含了政策理念、政策定位、目标体系、工具体系和传导机制的整体性重构。这种系统性的变革首先需要在央行等政府部门、市场和学术界达成一定程度的共识，并基于"新常态"下中国宏观经济运行特点和政策环境的变化做出适应性的调整，在此过程中不断地改进和优化。本章从货币政策转型的整体性出发，对未来中国货币政策框架重构的前景和重点方向进行分析和展望。

◈ 第一节 完善货币政策与宏观审慎政策"双支柱"体系构建

党的十九大报告提出"健全货币政策与宏观审慎政策'双支柱'

调控框架",对于"新常态"下完善宏观调控模式、服务实体经济具有十分重要的指导意义。"双支柱"政策体系和我国经济发展历程密切相关。2008年金融危机后,我国经济增速下滑,同时伴随着人口红利的消失,经济增长越来越依赖于资本产出比的增加和全要素生产率的提升。全要素生产率的提升较为困难,涉及体制、文化等多方面,因此在我国长期增长模式中,我们都倾向于使用资本刺激产出,这是我国资本市场在最近十几年高速发展的主要原因之一。从数据上也可以看出,在1978—2008年的30年中,资本产出比增加仅为0.62%,而最近十年资本产出比增加高达3.94%(李扬,2018)。

资本市场的快速发展演变,使得风险控制越来越成为一个宏观层次的问题,处理不善将直接影响到实体经济的增长。因此,为了实现经济的长期稳健增长,货币政策不能缺位,但也要加强宏观审慎管理,特别是对系统性重要金融机构的监管。通过"双支柱"宏观调控体系的建立,在保证金融市场健康发展的同时,守住不发生系统性金融风险的底线,维护金融稳定和价格稳定。

在政策层面,经过近十年的探索和实践,我国已逐步建立并完善了宏观审慎管理制度体系,设立国务院金融稳定发展委员会,强化人民银行宏观审慎管理和系统性风险防范职责相关要求。具体到实施层面,监管部门从宏观审慎评估体系(MPA)、住房金融宏观审慎政策、跨境资本流动宏观审慎体系和探索对全国金融基础设施实施宏观审慎政策等各个方面进行了创新,对于控制宏观杠杆率和维护金融稳定起到了积极作用。接下来,应当在构建货币政策与宏观审慎政策"双支柱"框架层面实施更大力度的创新和改革。

一方面,应在体制层面构建更加有效的协同机制。我国当前的金融体系面临利率市场化和人民币国际化的大变革,这两个变革与其他

第六章 中国货币政策框架转型与重构：实施逻辑与前景展望

金融监管改革的不协调，很容易导致金融风险产生和变异。在金融稳定发展委员会和人民银行的共同框架下，应当推动政府部门、央行及金融管理机构不断地分工协作，统筹货币政策和金融监管措施的出台。建议进一步做实国务院金融稳定委员会在防范金融风险中的协调职能，强化与发展改革、财政、工业、科技等综合或专业经济管理部门的政策衔接，加强金融领域的统筹监管，避免监管套利和监管竞争，促进经济金融稳定。同时，在"一行"（中国人民银行）的宏观审慎（MPA考核）监管和"两会"（银监会、保监会）微观监管并行模式下，人民银行与其他监管部门也要进行更加有效的配合，形成风险联控机制。

另一方面，应不断推动政策实施层面的相互协调。在宏观审慎监管进程加速的情况下，宏观审慎政策会对银行贷款数量和方向产生影响，进而影响产业和经济的发展。而货币政策同样也会影响银行的贷款量，进而影响不同行业的商业贷款分配和杠杆率。因此，在制定货币政策时，要考虑金融市场的特性，如逐利性和流动性，同时考虑价格和信贷要素，减少过多干预。采取宏观审慎政策时，也要持续关注整体经济形势、通货膨胀情况等，避免对现有的产业发展造成不必要的负面影响。着力厘清当前国内和国际形势，对国内外的因素进行充分的考量，合理有效地采取多种工具，尽可能减少矛盾和冲突。比如，在MPA考核中弱化信贷规模调控。金融改革的一个重要方面就是要将风险显性化，引导表外金融配给根据风险实质回表，而这种情况下如果继续实行信贷规模的强管制，有可能会产生金融信贷资源的无路可去，导致信贷急剧收缩，不利于保持金融对于实体经济的持续支持。

在"双支柱"体系下，货币政策要坚持"稳健"定位，以服务实体经济高质量发展为主要目标。根据"新常态"新阶段的经济环境变化和各类可能的外生冲击，灵活适度地进行逆周期调节，在"多目标"模式下实现工具体系的动态平衡和框架转型。同时，将防范化解重大金融风险作为支撑经济平稳运行的底线保障，发挥宏观审慎政策框架的"稳定器"作用，既要完善宏观审慎政策的覆盖范围，也要避免政策实施的矛盾冲突，以"双支柱"体系助力金融治理体系和治理能力的现代化。

第二节 持续推进货币政策调控方式由数量型向价格型转变

我国的货币政策框架转型期间，价格型货币政策有效性逐渐提升，数量型货币政策有效性则越来越不明显。当前，我国"利率走廊"建设逐步走向正轨，政策利率体系进一步完善，市场也在习惯和央行之间的沟通方式，政府与市场的信息不对称问题得到较大程度改善。

在货币政策调控框架由数量型向价格型转轨的过程中，货币政策调控的复杂性较前期明显增强，金融市场主体对于货币政策的反应差异增大。传统的数量型调控工具还应发挥积极作用，比如可以逐步降低金融机构的存款准备金率。我国目前的高准备金率主要是为了对冲人民币持续升值时期形成的外汇占款，目前在外汇占款已不构成基础货币投放渠道的背景下，应结合货币需求，通过稳步持续降低准备金率的方式完成货币投放。同时，考虑到准备金政策本质是对金融机构的税收，降准应以全面为主，定向为辅，避免政策导致的金融机构之间的不平等竞争。在转型期的政策操作中,存在着基础货币供给节奏不稳定、供给工具不确定、供给对象不透明等问题,在市场流动性紧张时期容易引发市场紧张情绪,导致市场资金面和利率出现不必要的波动,因此应当加强货币政策调控的预期引导。

同时,价格型政策框架要加强货币政策对市场利率的关注,加快推进将市场利率设为基准利率。我国在货币政策框架从数量型向价格型转轨的过程中,并没有明确哪个利率是政策利率。为了向市场上注入流动性,人民银行除了常用的公开市场业务之外,还开发了常备借贷便利、中期借贷便利等结构性政策工具。这些工具丰富了中央银行能够控制的利率期限结构,央行构建了较为完整的操作利率体系。但是,在日常操作中,央行过于关注操作利率的平滑,致使市场利率波动过大。① 这在去杠杆过程中产生了放大效应,中性的货币政策不中庸,加剧了市场紧张。因此,未来急需建立以市场利率为导向的政策利率,坚持削峰填谷式操作,继续打造具有市场效力的"利率走廊"模式,放弃对于操作利率和操作规模的双重关注,做实价格调控的常态化机制。

政策利率通过市场利率向存贷款基准利率的传导,构成了价格型货币政策调控的完整链条,而贷款市场利率的改革对于完善这一传导链条起到了十分关键的作用。利率市场化改革不仅与利率走廊相挂钩,也将价格型调控框架与货币政策传导效率联系起来,形成了货币政策框架转型的中枢。

2019年8月,人民银行改革实施新的贷款市场报价利率,即LPR报价形成机制改革。改革后,银行新增贷款将在LPR之上再加点,形

---

① 例如,7天逆回购如果上升10个BP,随着交易主体的扩大,就会在货币市场上导致50个甚至100个BP的变动。

成最终贷款利率，中间的点差实际体现了银行的风险溢价等因素。2019年底，进一步明确了存量浮动利率贷款的定价基准转换为LPR有关事宜，对存量贷款启动利率挂钩LPR的改革，在利率市场化方面又迈出了重要一步。

LPR的改革长期来看，将使得银行资产端收益率下行。然而，如果负债端成本刚性，则很难带动贷款利率的实际下降。银行负债端最主要的构成是存款，近年来我国商业银行贷款增速始终高于存款增速，同时吸收存款的成本一直在提升。在经济下行压力加大的情况下，商业银行风险偏好趋于谨慎符合其市场化经营的定位，风险溢价客观上是要上升的。也就是说，加点部分实际上还有上升的压力。因此，在资金成本固定的情况下，贷款实际利率的下降幅度必然极为有限。

当然，商业银行最终贷款的加点幅度还会受到金融市场一系列结构性因素的影响，包括企业融资渠道有限、商业银行的议价能力相对较强、企业的财务数据存在失真、社会信用建设还有待加强、银行的利差中隐藏了部分反欺诈溢价等。这些结构性因素仅靠LPR改革是无法解决的，需要其他改革措施的配套推进，比如多渠道融资的金融市场建设、银行信用风险评估机制改革等。这种结构性的矛盾和冲突，正是货币政策调控模式转型期所具有的特征。从这个意义上讲，价格型货币政策框架的建立，不仅需要货币政策中介目标和工具手段的调整，更需要金融体制改革作为强大支撑。推进金融治理体系和治理能力现代化建设整体水平，对于货币政策框架的转型和重构具有重要意义。

◇ 第三节　多目标体系下进一步优化货币政策"工具箱"和传导机制

我国目前已经是全球第二大经济体，从历史经验中我们也看到，后发国家经济体量达到原有巨头经济体量的50%时，都会引起原有领先国家对后发国家的遏制，这也是当前中美贸易摩擦不断深化的根本原因（王一鸣，2018）。在新形势下，我国货币政策转型面临着内外双重压力。对内，经济增长下行压力加大，实体经济急需适度宽松的货币环境，但是结构调整和经济转型的任务更加艰巨，"六稳"工作的要求使宏观政策目标更加多元；对外，"贸易战"只是中美之争的起点，未来美国的遏制战略不会轻易放松，我国面临的长期外部环境不容乐观。此外，美联储等发达经济体央行的货币政策具有溢出效应，对我国货币政策实施造成了持续性的影响（陆磊，2018）。因此，在外部风险和内部压力约束下，我国需要进一步完善"多目标"体系的广义货币政策框架，在构建价格型调控框架的基础上，也要不断优化货币政策"工具箱"，进一步发挥好常规型工具和创新型工具的作用。

在中央的高度重视和人民银行、银保监会等部门的积极推动下，结构性货币政策通过定向引导支持、改善信贷结构、疏通传导渠道以及微观政策配套等手段，在服务实体经济特别是民营和小微企业方面确实取得了一定实效。但也应当看到，当前实体经济面临的困难依然较大，货币政策在多目标体系下承担的任务过多过重，在有效服务民营和小微企业融资方面仍然存在结构性困境。结构性货币政策不是

"万能药"，不能解决货币和信贷政策本身存在的机制缺陷，也不能解决银行体系固有的结构分化问题，更不能解决实体经济层面尤其是企业层面的结构异化问题。

为了更好地服务实体经济，切实改善民营和小微企业融资困境，货币政策除了要在总量上保持流动性合理充裕，特别是采取常规措施有效缓解银行信贷供给面临的流动性、利率和资本约束。更为重要的是，要在结构和执行层面，构建有利于结构性货币政策传导的微观机制，改善银行和企业的行为预期，实现微观市场主体的激励相容，并致力于打造市场化、长效化、整体化的政策体系。结构性货币政策的实践完善了央行货币政策工具箱，也为货币政策理论创新提供了新的视角和案例。在"双支柱"体系下，结构性货币政策如何适应多重有效目标，并通过操作工具和传导机制的调整和创新来促进货币政策框架完成转型，是需要进一步深入研究的重要命题。

由于结构性货币政策期限结构过于复杂，以及制度设计上激励相容的缺失，反而容易产生不利于货币政策有效传导的现象，加剧金融市场的流动性分层，造成"宽货币"到"宽信用"传导受阻。因此，在供给侧结构性改革不断深化的背景下，如何运用好结构性货币政策工具，发挥好稳健货币政策"精准滴灌"的作用，从而促进和深化金融供给侧结构性改革，对于货币政策调整和改革具有特殊意义。特别是在针对民营小微企业信贷支持和直接融资问题，以及针对国民经济发展的重点领域和薄弱环节时，结构性货币政策的创新和改进也存在巨大空间，对于结构性货币政策的实施效果也需要进行更为科学的评估。

我国货币政策虽然是"多目标"模式，但不论货币政策框架如何调整，服务实体经济高质量发展始终是最为核心的目标。在"双支柱"体系下，货币政策逆周期调节功能更加凸显，流动性调节和价格调节都要落实到实体经济层面，常规工具和创新型的结构性工具都要依靠实体经济表现来判断其有效性。在对于实体经济的支持特别是民营企业支持方面，我国货币当局已经实施了一系列政策措施，比如利用信贷市场、债券市场和股票市场的联动效应加大对民营企业和小微企业的支持力度，同时在货币数量（再贴现额度）和货币价格（MPA、信用缓释工具等）方面全方位支持民营企业的发展等（易纲，2018）。

但是，流动性和价格传导在信贷层面依然面临长期的难题，进一步疏通货币政策传导渠道仍然是我国货币政策转型需要攻克的重要一关。货币政策传导机制的有效性是制约金融服务民营和小微企业的关键因素，定向操作的结构性货币政策和普惠金融政策最终要转化为实体经济的有效信贷，除了银行体系在信贷投放上积极作为，还需要基层地方政府和各类金融机构的配合。

在外部均衡方面，未来还应适度增强汇率弹性，以适应新的对外开放要求，拓宽货币政策空间。目前我国国有资本和民营资本已经在国民经济发展中占据主导地位，外资在经济中的重要性逐步下降。因此，我们有充分的实力进一步适度放开，提升我国经济的抗外部风险能力。由于"不可能三角"的约束，我们在追求货币政策独立和适度放开资本流动的同时必定要增强汇率弹性，让汇率更多地由市场决定，国家干预的成分会逐步减少。同时，受到贸易摩擦等外生变量的影响，以及中美在产业、科技、金融等各领域竞争加剧的外部环境的发展，也要求我们加快资本市场开放步伐，配合以汇率的进一步放开。但是对外开放必须注重节奏，在妥善处理内部均衡问题和应对"三大攻坚战"的背景下，进一步地扩大金融开放一定是一个循序渐进的过程。

参考文献

蔡跃洲、郭梅军：《我国上市商业银行全要素生产率的实证分析》，《经济研究》2009年第9期。

陈霖：《全球金融危机以来的美联储货币政策研究》，博士学位论文，吉林大学，2018年。

陈小亮、马啸：《"债务—通缩"风险与货币政策财政政策协调》，《经济研究》2016年第8期。

陈雨露、马勇：《宏观审慎监管：目标、工具与相关制度安排》，《经济理论与经济管理》2012年第3期。

陈元、黄益平等：《中国金融四十人看四十年》，中信出版社2018年版。

崔建军、张冬阳：《货币政策、金融周期及其宏观经济效应》，《经济理论与经济管理》2019年第1期。

戴根有：《中国稳健货币政策的实践与经验》，《管理世界》2001年第6期。

戴金平、刘东坡：《中国货币政策的动态有效性研究——基于TVP-SV-FAVAR模型的实证分析》，《世界经济研究》2016年第12期。

范志勇：《货币政策理论反思及中国政策框架转型》，中国社会科学出版社 2016 年版。

葛奇：《泰勒规则和最优控制政策在 FRB/US 模型中的稳健性比较——兼论耶伦新常态货币政策的利率路径选择》，《国际金融研究》2015 年第 9 期。

郭豫媚、陈伟泽、陈彦斌：《中国货币政策有效性下降与预期管理研究》，《经济研究》2016 年第 1 期。

何德旭、余晶晶：《中国货币政策传导的现实难题与解决路径研究》，《经济学动态》2019 年第 8 期。

洪昊、陈一稀、项燕彪：《宏观审慎管理机制对货币政策的影响效应研究》，《国际金融研究》2018 年第 9 期。

黄益平：《适应经济增长的"新常态"》，《21 世纪经济报道》2012 年 11 月 5 日第 15 版。

李斌、伍戈：《信用创造、货币供求与经济结构》，中国金融出版社 2014 年版。

李斌、伍戈：《货币数量、利率调控与政策转型》，中国金融出版社 2016 年版。

李斌、吴恒宇：《对货币政策和宏观审慎政策双支柱调控框架内在逻辑的思考》，《金融研究》2019 年第 12 期。

李波、伍戈、席钰：《论结构性货币政策》，《比较》2015 年第 2 期。

李波：《构建货币政策和宏观审慎政策双支柱调控框架》，中国金融出版社 2018 年版。

李利明、曾人雄：《1979—2006：中国金融大变革》，上海人民出版社 2007 年版。

李扬：《学会在全球经济"新常态"下生活》，《北京日报》2013 年 12 月 23 日第 18 版。

栗亮、刘元春：《经济波动的变异与中国宏观经济政策框架的重构》，《管理世界》2014 年第 12 期。

厉以宁：《九方面看当前经济形势》，《学习时报》2013 年 12 月 16 日第 4 版。

梁红、余向荣：《中国货币政策框架：走向新常态》，《新金融》2017 年第 7 期。

林毅夫：《展望未来 20 年中国经济发展格局》，《中国流通经济》2012 年第 6 期。

刘东坡：《动态视角下中国货币政策的结构效应分析——基于 TVP - SV - SFAVAR 模型的实证研究》，《国际金融研究》2018 年第 3 期。

刘鹤：《两次全球大危机的比较研究》，中国经济出版社 2013 年版。

刘世锦、余斌、陈昌盛：《2015 中国经济政策基调——着力提质增效，改革释放活力，为新常态奠定基础》，《中国经济报告》2014 年第 12 期。

刘伟：《我国货币政策体系与传导机制研究》，经济科学出版社 2015 年版。

刘伟：《经济新常态与经济发展新策略》，《中国特色社会主义研究》2015 年第 2 期。

刘元春：《新常态孕育经济转型发展的重要机遇》，《求是》2015 年第 1 期。

刘元春：《后危机时代宏观经济研究及货币政策框架的转变》，《教学与研究》2016 年第 4 期。

刘元春、李舟、杨丹丹：《金融危机后非常规货币政策工具的兴起、发展及应用》，《国际经济评论》2017 年第 2 期。

刘元春：《新时期中国经济改革的新思路和新框架》，《政治经济学评论》2018 年第 1 期。

马骏、王红林：《政策利率传导机制的理论模型》，《金融研究》2014 年第 12 期。

马骏：《新常态与宏观调控模式》，《中国金融》2014 年第 15 期。

马骏、管涛：《利率市场化与货币政策框架转型》，中国金融出版社 2018 年版。

马骏、何晓贝：《货币政策与宏观审慎政策的协调》，《金融研究》2019 年第 12 期。

马勇、陈雨露：《经济开放度与货币政策有效性：微观基础与实证分析》，《经济研究》2014 年第 3 期。

马勇：《"双支柱"调控框架的理论与经验基础》，《金融研究》2019 年第 12 期。

明明：《货币政策理论与分析》，中国金融出版社 2017 年版。

潘敏、刘姗：《中央银行借贷便利货币政策工具操作与货币市场利率》，《经济学动态》2018 年第 3 期。

彭俞超、方意：《结构性货币政策、产业结构升级与经济稳定》，《经济研究》2016 年第 7 期。

钱小安：《中国货币政策的形成与发展》，上海三联书店 2000 年版。

盛松成、吴培新：《中国货币政策的二元传导机制——"两中介目标，两调控对象"模式研究》，《经济研究》2008 年第 10 期。

宋立：《我国货币政策信贷传导渠道存在的问题及其解决思路》，《管理世界》2002 年第 2 期。

孙国峰：《后危机时代的全球货币政策新框架》，《国际金融研究》2017 年第 12 期。

孙国峰：《货币创造的逻辑形成和历史演进——对传统货币理论的批

判》,《经济研究》2019 年第 4 期。

孙国峰:《贷款创造存款理论的源起、发展与应用》,《国际金融研究》2019 年第 11 期。

王宝、肖庆宪:《中国金融市场间风险传染特征的实证检验》,《统计与决策》2008 年第 11 期。

王信、贾彦东:《货币政策和宏观审慎政策的关联及启示——基于英格兰银行的经验》,《金融研究》2019 年第 12 期。

王一鸣:《改革开放以来我国宏观经济政策的演进与创新》,《管理世界》2018 年第 3 期。

王莹:《贷款利率放开的效应及利率市场化展望》,《新金融》2013 年第 11 期。

温信祥、张双长:《非常规货币政策的国际实践及其启示》,《清华金融评论》2017 年第 7 期。

伍戈、刘琨:《探寻中国货币政策的规则体系:多目标与多工具》,《国际金融研究》2015 年第 1 期。

伍戈、连飞:《中国货币政策转型研究:基于数量与价格混合规则的探索》,《世界经济》2016 年第 3 期。

徐忠:《经济高质量发展阶段的中国货币调控方式转型》,《金融研究》2018 年第 4 期。

徐忠、纪敏、牛慕鸿:《中国货币政策转型:转轨路径与危机反思》,经济管理出版社 2018 年版。

易纲:《货币政策回顾与展望》,《中国金融》2018 年第 3 期。

易纲:《中国经济转型和稳健的货币政策》,《全球化》2018 年第 3 期。

张成思、计兴辰:《中国货币政策框架转型:分歧与共识》,《金融评论》2017年第6期。

张晓慧：《中国货币政策》，中国金融出版社2012年版。

张晓慧：《新常态下的货币政策》，《中国金融》2015年第2期。

张晓慧：《宏观审慎政策在中国的探索》，《中国金融》2017年第11期。

张卓元：《新常态下的中国经济走向》，广东经济出版社2015年版。

周莉萍：《货币政策与宏观审慎政策研究：共识、分歧与展望》，《经济学动态》2018年第10期。

周俊杰、易宪容：《"货币政策+宏观审慎政策"双支柱框架的有效性——基于我国商业银行微观数据的实证研究》，《金融与经济》2019年第11期。

周小川：《关于推进利率市场化改革的若干思考》，《西部金融》2011年第2期。

周小川：《新世纪以来中国货币政策的主要特点》，《西部金融》2013年第3期。

周小川：《把握好多目标货币政策：转型的中国经济的视角》，《金融时报》2016年6月25日第1版。

祝梓翔、高然、邓翔：《内生不确定性、货币政策与中国经济波动》，《中国工业经济》2020年第2期。

庄子罐、贾红静、刘鼎铭：《货币政策的宏观经济效应研究：预期与未预期冲击视角》，《中国工业经济》2018年第7期。

Aizenman Joshua, Chinn Menzie and Ito Hiro, "Assessing the Emerging Global Financial Architecture: Measuring the Trilemma's Configuration Over Time", *NBER Working Paper*, No. 14533, 2008.

Angeloni I. and Faia E. A., "Tale of Two Policies: Prudential Regulation and Monetary Policy with Fragile Banks", *Kiel Working Papers*, No. 1569, 2009.

Angeriz A. and Arestis P. ed., "The Interest Rate Channel in the New Monetary Policy Framework", *Challenge*, Vol. 51, Iss. 2, March – April 2008.

Arestis P. ed., "On the Effectiveness of Fiscal Policy as an Instrument of Macroeconomic Policy", *Economic Affairs*, Vol. 23, 2009.

Arestis P., "Keynesian Economics and the New Consensus in Macroeconomics", *A Modern Guide to Keynesian Macroeconomics and Economic Policies*, Vol. 88, 2011.

Bagliano Fabio – Cesare and Favero Carlo, "Measuring Monetary Policy with VAR Models: An Evaluation", *CEPR Discussion Papers*, No. 1743, 1997.

Barro Robert J. and David B. Gordon, "Rules, Discretion, and Reputation in a Model of Monetary Policy", *Journal of Monetary Economics*, Vol. 12, No. 1, 1983.

Barsky B. and Kilian L., "A Monetary Explanation of the Great Stagflation of the 1970s", *Working Papers No. 452*, Research Seminar in International Economics, University of Michigan. 2000.

Bean C., "Lessons on Unconventional Monetary Policy from the United Kingdom", *Speech by Charles Bean given at the US Monetary Policy Forum*, New York, 25 February, 2011.

Beau C. and Mojon B., "Macroprudential Policy and the Conduct of Monetary Policy", *Mimeo Banque de France*, 2011.

Beckworth David, "The Monetary Policy Origins of the Eurozone Crisis",

International Finance, Vol. 20, Iss. 2, Summer 2017.

Benes Jaromir ed., "Modeling Sterilized Interventions and Balance Sheet Effects of Monetary Policy", *IMF Working Paper*, No. 2822, 2012.

Bernanke Ben and Mark Gertler, "Monetary Policy and Asset Price Volatility in New Challenges for Monetary Policy", *Kansas City: Federal Reserve Bank of Kansas City*, pp. 77 – 128, 1999.

Bernanke B., "The Great Moderation", *At the Meetings of the Eastern Economic Association*, Washington, DC. February 20, 2004.

Bernanke B., "The Economic Outlook and Monetary Policy", *Speech at the Federal Reserve Bank of Kansas City Economic Symposium*, Jackson Hole, Wyoming. August 27, 2010.

Bernanke B., *The Federal Reserve and the Financial Crisis*, Economics Books, Princeton University Press, Edition 1, No. 9928 – 2, December. 2015.

Blanchard Olivier, Dell' Ariccia, Giovanni and Mauro Paolo, "Rethinking Macroeconomic Policy", *IMF Staff Position Note*, February 12, 2010.

BlanchardOlivier ed., "Capital Flows: Expansionary or Contractionary", *The American Economic Review*, Vol. 23, 2016.

Blinder A. ed., "Central Bank Communication and Monetary Policy: A Survey of Theory and Evidence", *Journal of Economic Literature*, Vol. 46, 2008.

Blinder A., "Quantitative Easing: Entrance and Exit Strategies", *Federal Reserve Bank of St. Louis Review*, Vol. 92, 2010.

Blinder A. ed., "Necessity as the Mother of Invention: Monetary Policy after the Crisis", *NBER Working Paper*, No. 22735, 2016.

Bradley Jonesand Joel Bowman, "China's Evolving Monetary Policy Framework in International Context", *RBA Research Discussion Papers*, Reserve Bank of Australia. , 2019.

Cecioni M. , Ferrero G. , Secchi A. , "Un Conventional Monetary Policy in the Theory and in Practice", *Bank of Italy Occasional Paper*, Vol. 102, 2011.

Chen Hongyi, Chow Kenneth and Tillmann Peter, "The Effectiveness of Monetary Policy in China: Evidence from a Qual VAR", *China Economic Review*, Vol. 43, April 2017.

Clarida R. , Gali and M. Gertler, "The Science of Monetary Policy: A New Keynesian Perspective", *Journal of Economic Literature*, Vol. 37, No. 4, 1999.

Clarida R. , Jordi Galí and Mark Gertler, "Monetary Policy Rules and Macroeconomic Stability: Evidence and Some Theory", *Quarterly Journal of Economics*, Vol. 115, February 2000.

Claudio Borio and Haibin Zhu, "Capital Regulation, Risk – Taking and Monetary Policy: A Missing Link in the Transmission Mechanism?", *Journal of Financial Stability*, Vol. 8, No. 4, 2012.

Cochrane J. H. , "How Did Paul Krugman Get it So Wrong?", *Economic Affairs*, Vol. 31, No. 2, 2011.

Cukierman A. , "Reflections on the Crisis and on its Lessons for Regulatory Reform and for Central Bank Policies", *Journal of Financial Stability*, Vol. 12, No. 2, 2007.

Curdia V. and Michael Woodford, "Credit Spreads and Monetary Policy", *Journal of Money, Credit and Banking*, Vol. 42, 2010.

Edwards S. , "Interest Rate Volatility, Capital Controls, and Contagion", *NBER Working Paper*, No. 6756, 1998.

Eser F. and B. Schwaab, "Evaluating the Impact of Unconventional Monetary Policy Measures: Empirical Evidence from the ECB's Securities Markets Program", *Journal of Financial Economics*, Vol. 119, 2016.

Farhi E. and Werning I. , "A Theory of Macroprudential Policies in the Presence of Nominal Rigidities", *Econometrica*, Vol. 84, No. 5, 2016.

Frankel J. , "The Effect of Monetary Policy on Real Commodity Prices", in Campbell J. Y. Ed. , *Asset Prices and Monetary Policy*, University of Chicago Press, Chicago and London, 2008.

Galí J. , *Monetary Policy, Inflation, and the Business Cycle: An Introduction to the New Keynesian Framework*, Princeton University Press, Princeton, NJ, 2015.

Garcia Carlos ed. , "How Much Should Inflation Targeters Care About the Exchange Rate?", *Journal of International Money and Finance*, Vol. 30, 2011.

Gertler M. and Karadi P. , "A Model of Unconventional Monetary Policy", *Journal of Monetary Economics*, Vol. 58, No. 1, 2011.

Giovanni Dellariccia, Pau Rabanal and Damiano Sandri, "Unconventional Monetary Policies in the Euro Area, Japan, and the United Kingdom", *Journal of Economic Perspectives*, Vol. 32, Iss. 4, Fall 2018.

Goodfriend M. and Robert G. King, "The New Neoclassical Synthesis and the Role of Monetary Policy", in Ben S. Bernanke and Julio J. Rotemberg, eds. , *NBER Macroeconomics Annual*, Cambridge, Mass. : MIT Press, 1997.

Goodfriend M. , "How the World Achieved Consensus on Monetary Policy", *NBER Working Paper*, No. 13580, 2007.

Goodhart C. and Hofmann B. , "Bank Regulation and Macroeconomic Fluctuations", *Oxford Review of Economic Policy*, Vol. 20, No. 4, 2004.

Greenspan A. , "Risk and Uncertainty in Monetary Policy", *The American Economic Review*, Vol. 94, No. 2, 2004.

He Dong and Honglin Wang, "Dual - Track Interest Rate and the Conduct of Monetary Policy in China", *China Economic Review*, Vol. 23, No. 4, 2012.

Horvath Roman and Voslarova Klara, "International Spillovers of ECB's Unconventional Monetary Policy: The Effect on Central Europe", *Applied Economics*, Vol. 49, Iss. 22 – 24, May 2017.

Jean Boivin, Timothy Lane and Cesaire Meh, "Should Monetary Policy Be Used to Counteract Financial Imbalances", *Bank of Canada Review*, Vol. 24, 2010.

Jing Cynthia Wu and Ji Zhang, "Global Effective Lower Bound and Unconventional Monetary Policy", *NBER Working Paper*, No. 24714, 2018.

Kaiji Chen, Jue Ren and Tao Zha, "The Nexus of Monetary Policy and Shadow Banking in China", *The American Economic Review*, Vol. 108, No. 12, December 2018.

Kim S. , "International Transmission of U. S Policy Shocks: Evidence from VAR's", *Journal of Monetary Economics*, Vol. 48, 2001.

Kiyotaki N. and Moore J. , "Credit Cycles", *Journal of Political Economy*, Vol. 105, No. 2, 1997.

Krugman P. , "How Did Economists Get it so Wrong?", *The New York*

Times, Sept 6th, 2009.

Lixin Sun, J. Ford and D. Dickinson, "Bank Loans and the Effects of Monetary Policy in China: VAR/VECM Approach", *China Economic Review*, Vol. 21, No. 1, 2009.

Masaaki Shirakawa, "High – level Policy Panel on Financial Stability Issues: Unconventional Monetary Policy – How Central Banks Can Face the Challenges and Learn the Lessons", in: Bank for International Settlements (ed.), *The International Financial Crisis and Policy Challenges in Asia and the Pacific*, Vol. 52, 2010.

McCallum Bennett T., "Monetary Policy Analysis in Models without Money", *Federal Reserve Bank of St. Louis Review*, Vol. 83, No. 4, 2001.

Minsky H., *Stabilizing an Unstable Economy*, New Haven, CT, Yale University Press, 1986.

Mishkin F. S., "Will Monetary Policy Become More of a Science?", in Deutsche Bundes bank, ed., *Monetary Policy Over Fifty Years: Experiences and Lessons*, Routledge: London, 2009.

Mishkin F. S., "Monetary Policy Strategy: Lessons from the Crisis", *NBER Working Paper*, No. w16755, 2011.

Mishkin F. S., *The Economics of Money, Banking, and Financial Markets*, Pearson Education, 10th edition, 2012.

Mishkin F. S., "Rethinking Monetary Policy after the Crisis", *Journal of International Money and Finance*, Vol. 73 (PB), 2017.

Nguyen T. and Boateng A., "An Analysis of Involuntary Excess Reserves, Monetary Policy and Risk – taking Behaviour of Chinese Banks", *International Review of Financial Analysis*, Vol. 37 (C), 2015.

Oscar Jorda, Moritz Schularick and Alan M Taylor, "When Credit Bites Back: Leverage, Business Cycles and Crises", *NBER Working Paper*, No. 17621, October 2012.

Ostry Jonathan D. ed., "Two Targets, Two Instruments: Monetary and Exchange Rate Policies in Emerging Market Economies", *IMF Staff Discussion Note*, February 29, 2012.

Ranson R. David, "Why the Fed's Monetary Policy Has Been a Failure", *Cato Journal*, Vol. 34, Issue 2, 2014.

Richard C. Koo, *The Holy Grail of Macroeconomics: Lessons from Japan's Great Recession*, John Wiley & Sons, 2009.

Rogoff K., "Three Challenges Facing Modern Macroeconomics", in American Economic Association, *Ten Years and Beyond: Economists Answer NSF's Call for Long – Term Research Agendas*, 2010.

Sargu Alina Camelia and Roman Angela, "Financial Innovations and Their Implications for Monetary Policy", *Economic Sciences Series*, *Ovidius University of Constantza*, *Faculty of Economic Sciences*, Vol. 10, No. 2, May, 2011.

Stiglitz J. E., "Interpreting the Causes of the Great Recession of 2008", in Bank for International Settlements, Basel, Switzerland, *Financial System and Macroeconomic Resilience: Revisited*, June 25 – 26, 2009.

Stiglitz J. E., "Reconstructing Macroeconomic Theory to Manage Economic Policy", *NBER Working Paper*, No. 20517, 2014.

Stiglitz J. E., "Towards a General Theory of Deep Downturns", *IEA Conference Volume*, 155 – VI, Houndmills, UK, and New York, Palgrave Macmillan, 2016.

Stiglitz J. E., "Structural Transformation, Deep Downturns, and Government Policy", *NBER Working Paper*, No. 23794, 2017.

Stiglitz J. E., "Where Modern Macroeconomics Went Wrong", *Oxford Review of Economic Policy*, Vol. 34, 2017.

Suh Hyunduk, "Macroprudential Policy; Its Effects and Relationship to Monetary Policy", *FRB of Philadelphia Working Paper*, No. 12 - 28, 2012.

Svensson L. "Inflation Targeting as a Monetary Policy Rule", *NBER Working Paper*, No. 6790, 1999.

Svensson L., "What is Wrong with Taylor Rules? Using Judgment in Monetary Policy through Targeting Rules", *Journal of Economic Literature*, Vol. 41, No. 2, 2003.

Svensson L., "The Future of Monetary Policy and Macroprudential Policy", *Speech in The Future of Central Banking*, May 16 - 17, 2018.

Taylor J., *Getting Off Track: How Government Actions and Interventions Caused Prolonged, and Worsened the Financial Crisis*, Hoover Press, 2009.

Taylor J., "After Unconventional Monetary Policy", *Economics Working Paper*, No. 14108, Hoover Institution, Stanford University, 2014.

Tobias Adrian and Nellie Liang, "Monetary Policy, Financial Conditions, and Financial Stability", *Federal Reserve Bank of New York Staff Reports*, No. 690, March 2016.

Unsay D. Filiz, "Capital Flows and Financial Stability; Monetary Policy and Macroprudential Responses", *IMF Working Papers*, Vol. 1 - 27, 2011.

Woodford M. , "Convergence in Macroeconomics: Elements of the New Synthesis", *American Economic Journal: Macroeconomics*, Vol. 1, No. 1, 2009.

Woodford M. , "Financial Intermediation and Macroeconomic Analysis", *Journal of Economic Perspectives*, Vol. 24, No. 4, 2010.

Woodford M. , "Methods of Policy Accommodation at the Interest – Rate Lower Bound", *presented at the Federal Reserve Bank of Kansas City Symposium on "The Changing Policy Landscape"*, Jackson Hole, Wyoming, August 31, 2012.

Yellen J. , "Monetary Policy and Financial Stability", *The* 2014 *Michel Camdessus Central Banking Lecture*, International Monetary Fund, June 2, 2014.

Yellen J. , "Comments on Monetary Policy at the Effective Lower Bound", *Brookings Papers on Economic Activity, Economic Studies Program*, The Brookings Institution, Vol. 49, No. 2, 2018.

后　记

本书通过理论梳理、历史回顾、国际经验研究和实证分析等，对中国货币政策框架在"新常态"阶段转型与重构的目标、逻辑、路径等问题进行了研究。重点在于回答两个主要问题：一是中国货币政策框架为什么要转型和重构；二是中国货币政策框架如何进行转型重构。

对于第一个问题，中国货币政策框架在当前阶段，相当于要完成美联储在20世纪80年代和2008年国际金融危机之后的两次转型。一方面是以"数量型调控向价格型调控转变"的市场化转型总体方向，相当于美联储在80年代之后，货币政策逐步向单一目标（CPI稳定）和单一工具（短期利率）的方向发展转型；另一方面是以货币政策和宏观审慎管理"双支柱"体系构建的"多目标"调控总体框架，相当于2008年之后美联储重新重视资产价格，兼顾价格稳定和金融稳定的方向转型。因此，面临的问题更加突出和紧迫，货币政策有效性持续下降的压力不减，我国"新常态"下经济转型又提出了新的现实需求，货币政策服务于经济发展，经济转型对货币政策框架转型提出更高要求，货币政策转型的必要性具有更加深刻的现实意义。

对于第二个问题，基于历史逻辑、特征事实和国际经验的借鉴，中国货币政策框架转型和重构的总体思路，是构建适应"新常态"下匹配中国经济结构转型和调整特点的货币政策体系，为经济平稳运行营造良好的货币金融环境，服务于经济高质量发展。主要包括"有效目标"体系的构建、利率市场化和价格调控机制的建立、工具体系和传导机制的优化、货币政策和宏观审慎政策"双支柱"的协调、应对内外均衡、货币政策与财政政策产业政策的配合等。

货币政策理论艰深而庞杂，本书主要聚焦于两个部分。第一部分主要对西方两次货币政策框架转型的文献进行了梳理。第一次是20世纪80年代的"大缓和"背景下凯恩斯主义转向"新共识"，具体政策上表现为"多目标—多工具"体系转变为"单一目标—单一工具"体系，以泰勒规则为主要代表；第二次是2008年金融危机之后，对"新共识"的反思批判以及货币政策理论的新发展，政策上主要表现为目标体系的调整（关注资产价格等）、工具体系的变化和宏观审慎管理的强化等。第二部分主要对中国货币政策框架转型的争议与共识和"新常态"问题前沿进展进行文献梳理。目前在货币政策目标定位优先级、不同工具手段的选择和传导机制各环节等具体层面还存在较多争议；而在整体货币政策框架转型的必要性、转型和重构的总体目标等方面则存在一定共识。

除了理论逻辑的连贯性意义，横向的国际经验比较也具有十分重要的参考价值。国际经验分析的意义是为梳理中国货币政策框架转型历史、背景、定位和"有效目标"体系构建以及工具体系、传导机制完善等提供参考基础，有针对性地梳理和总结主要发达经济体在特定历史阶段的货币政策体系调整和框架转变的经验，为中国货币政策目标、工具、实施机制转型和货币政策、宏观审慎政策"双支柱"体系构建提供横向借鉴。主要包括：一是美联储在20世纪80年代向"新共识"的转型和2008年金融危机后批判"新共识"基础上的货币政策大调整，以及后危机时代货币政策"正常化"的转变及影响；二是欧洲央行在成立之初的货币政策框架构建和危机之后的艰难调整；三是日本央行在泡沫经济时期被动型的货币政策转型和危机之后主动性增强的扩张变化。以美、欧、日为代表的主要发达经济体货币政策框架转型和重构经验对我国具有十分重要的启示和借鉴价值，但我们在政策框架转型和设计中不能简单照搬国际经验，而应当立足本国实际以实现有效目标为基本遵循。

在此基础上，总结梳理中国货币政策框架转型的历程也不能限于一般的史料罗列。历史回顾的目的是从中国货币政策框架发展的不同阶段梳理出转型和重构的历史逻辑，从而为分析当前阶段中国货币政策框架转型和重构的特征事实提供长期视域。改革开放以来，中国不断完善货币政策框架，1995年《中国人民银行法》等系列立法通过实施后，中国经历了两次比较典型的货币政策框架转型。第一次是1998年取消贷款规模限制，由直接调控向间接调控转型；第二次是2005年汇改背景下利率市场化改革，由数量型向价格型模式转型。这两次标志性改革都与经济结构调整密切相关。在经济"新常态"下，中国货币政策面临着全球货币政策有效性下降和结构调整的冲击，因而以数量型调控为主的货币政策也不可避免地出现了有效性下降的趋势，因此构建以利率市场化为基础的价格型货币政策调控框架具有十分重要的现实意义。

然后，基于理论、历史、现实和实证分析，本书重点论述了中国货币政策有效目标、工具体系和传导机制的转型特征；单一目标规则和多重目标规则并没有绝对之分，对中国而言，"多重有效"目标体系更能刻画货币当局的政策意图和主要特征;"多目标"决定"多工具",因而中国货币政策工具体系是一个复杂的工具箱,即使构建以价格型调控为主的操作框架,数量型指标在当前依然有其价值;另外,货币政策传导机制是制约中国货币政策调控框架实现政策目标的关键因素,解决传导机制不畅的长期性问题进而使货币政策更好地服务实体经济,是未来价格型政策框架转型需要重点关注的环节;"新常态"下货币政策面临新形势,央行也创新了一系列货币政策工具,试图在转型期提高货币政策有效性,但无论是从理论上还是实践上,都需要进一步思考和解释结构性货币政策的适用范围和实施效果。

货币政策与宏观审慎政策"双支柱"问题,不管是在理论研究还是实践操作中,都是后危机时代的一个重要宏观经济学命题,也被写进了党的十九大报告和中央文件之中。本书结合主要发达经济体和我国在金融监管方面的最新发展,论述了货币政策与宏观审慎政策"双支柱"体系的构建与协调问题,宏观审慎监管代表了金融监管最新的政策取向,在我国金融创新不断深化和货币政策框架转型的背景下,宏观审慎政策的完善具有十分重要的意义;宏观审慎政策与货币政策从理论和实践上都有显著差别,但二者的有效配合不仅可以互相促进,还能够为中国货币政策框架转型和重构提供更加完备的空间,因此二者在具体执行过程中的协调问题就尤为关键。

本书的主要特点是从系统的视角将中国货币政策框架问题作为一个整体来进行研究,可能的创新之处主要体现在:第一,基于中国货币政策框架转型的整体性和系统性,在现有研究的基础上,将主流货币政策理论新发展与"新常态"下中国货币政策框架转型的新特征、新机制相结合,使用VAR、SVAR等模型和最新数据验证了中国货币政策有效性下降的趋势,识别出中国货币政策框架从数量型调控为主向价格型调控为主转型的特征性事实、必要性和重构逻辑；第二，在中国货币政策广义"多目标"体系下，结合最新数据，对"新常态"下中国货币政策工具体系和传导机制的创新操作和现实效果进行了分析，总结出"公开市场操作与利率走廊共同构建价格调控模式、'非常规'货币政策'常规'操作影响"等转型特征问题，对创新型货币政策实施和传导机制变化等相关研究提供了一定补充和延伸；第三，针对美欧日等发达经济体的货币政策发展历程和经验，在现有研究的基础上，区别于一般性的历史梳理，进一步总结了"美联储从'大缓和'到大变革、欧洲央行从审慎协调到危机应对、日本央行从被动调整到主动扩张"的特定历史阶段下货币政策框架转型的典型特征，通过对比分析，揭示出中国货币政策框架转型"一方面要借鉴已有成功经验，另一方面更要结合经济转型需求积极探索中国模式"的一般性与特殊性所在；并在此基础上，结合中国实践，对"双支柱"体系下货币政策与宏观审慎政策的关系以及在具体实施过程中的协调机制进行了解释。

但应当看到，由于侧重于系统性视角和整体分析框架的构建，在一些具体问题上本书未能详尽展开并进行完备的实证分析。比如，在用主流货币政策理论解释中国货币政策框架转型问题时，由于中国经济转型阶段货币政策框架"非典型"和"非传统"性的特点，一些新的特征和变量很难比较准确地在现有理论模型中进行完整刻画；在中国货币政策有效性下降和内部均衡条件下有效目标的实证分析方面，由于产业、传导机制等一些微观数据无法直接得到，实证检验很难对有效性下降、传导机制受阻的原因和广义多目标体系的合理性等问题进行全面描述，只能通过对其经济含义的分析来进行较为完整的解释；在货币政策与宏观审慎政策"双支柱"体系协调性分析方面，由于理论层面还未形成比较一致的共识，且中国在具体实践方面的时间不长，可供观察的案例不够充分，导致理论分析与政策实践的结合不够紧密，等等。在今后的研究中，我们将进一步针对上述问题开展持续的研究，结合理论和实践层面的最新进展，深入分析数量型调控框架向价格型调控框架转型的动态机制特征，为中国货币政策框架转型和重构问题提供更加具有解释力和理论深度的分析。

作者
2020 年 5 月